DOROTA MASŁOWSKA

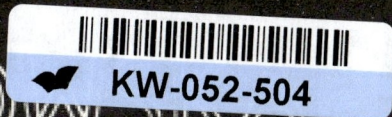

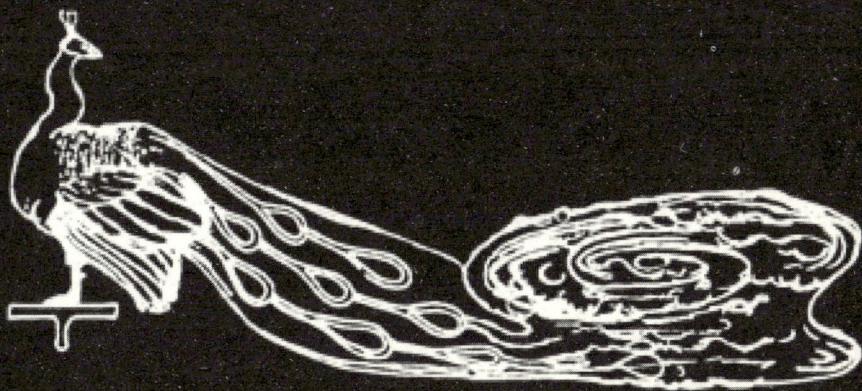

PAW KRÓLOWEJ

Dorota Masłowska

Paw królowej

ilustrował Maciej Sieńczyk

Biblioteka Twoich Myśli
Warszawa 2005

Hej ludzie, pora się zbudzić, posłuchajcie tej historii o tym, jak był pożar w bucie, posłuchajcie o brzydkiej dziewczynie, która miała ciało psa i twarz świni, oczy kaprawe a każde z innego zestawu, usta pełne zębów a każdy z innego uśmiechu, żyłę lila na czole i asymetrię szpar powiekowych i uchroń nas Boże, nikt takiej brzydkiej nie chciał ani znać, ani żaden chłopak nie chciał jej dymać, bo patrząc na taką twarz zaraz zły każdemu wydawał się świat, a Bóg katolicki USA pastorem, o 20.10 Totalizatorem Sportowym, ślepnącym żonglerem, rokendrolowym hochsztaplerem, hipnotyzerem z Manga Gdynia, co przedstawia ci taką dziewczynę, której najpierw podłożył świnię, z Tysiąclecia Stadionu żółtym cwaniakiem, co sprzedaje ci hrabinę brzydalinę jako superekstratwojąnowąsuperlaskę.

Nazywała się Pitz Patrycja i mieszkała chyba gdzieś na 00–910 Woronicza, przystanek Telewizja, tam gdzie każdy Polak wyobraża sobie, że jest najpiękniejsza w Polsce ulica, a idzie nią w biały dzień Torbicka. Albo może na Czerskiej osiem, przystanek Niby Europa, gdzie jest równie najpiękniejsza ulica w Polsce, codziennie nowe akcje, wielka akcja pomóżmy sobie pojechać na mentalne wakacje, wielka akcja, na co ci ta kombinacja, powszechna popularyzacja, wielka akcja narodowa defekacja i popularyzacja, EC Siekierki, spacja. Nikt nie jest piękny, ale święta Pitz Patriszia jest Duchem Świętym, ma w mej głowie ołtarze, na których stoi koło Jezusa z zasłoniętą workiem twarzą.

EC Siekierki i EC Kawęczyn, Patrycja Pitz, świat od dzieciństwa pluł jej śliną śmierdzącą i ciepłą do wyciągniętej ręki i inne dzieci nie chciały się bawić z takim brzydkim dzieckiem, nawet chociaż jej rodzice mieli dużo pieniędzy, mówili: moja Karolinka moja mała miss nie będzie się już bawić z tą paszkwilą Pitz, bo potem opowiada rano złe sny, śni się jej brzydka Pitz, jak wkłada jej do łóżka swoją twarz i mówi: teraz to ty ją masz. Była sobie złota rybka, powiedz Patrycha, czemu jesteś taka brzydka, raz niósł Grzegorz kij, kto ci zrobił twój rozszczepiony ryj, stała na przystanku wiata, Patrychę rucha jej tata. Stał na ulicy ford fiat, ją rucha jej brat. Niósł raz dziadek puzon, Patrychę ruchał kuzyn. Była w rzece tama, Patrychę rucha jej mama.

A potem jej spódnicę zabrały, do ogródków wrzuciły i piasku do buzi nasypały, a potem na nią nasikały, a potem się z niej śmiały, tu cię powołał Pan i nawet z parteru dałn choć nie wiedział z czego, to się z niej śmiał, krzycząc esse majne szajse zi szwajne raj, powiedz jak zapamiętał słów trudnych tyle, a sycząca piana leciała mu z ryja i przy trepach się pieniła, różowy mongolski jad, kap kap apokalipsy bliskiej znak, tak. Tyle lat krzyczały podwórka ropiejące, zachodziło z wycinanki słońce każdego dnia szybciej w jej przejebanym życiu, jak szedł jej ojciec magister przez podwórko, to dzień dobry dzień dobry kto nawdycha dziś więcej spalin za jego nowym wartburgiem, a jak tylko przejechał to już biegną za jego córką, ej Pitz ej Pitz chcesz sznurka, chodź włożymy ci kamienie do dziurki a do ryja po makreli skórki. I posłuchaj mnie teraz uważnie, bo jak myślisz, że to jest ważne, na jakiej to było ulicy, Czerskiej, Perskiej czy Woronicza, Gównianej, Zasranej czy rondo Odbytnica, i w jakiej to było dzielnicy, wysypisko Radiowo czy lotnisko Bemowo, Żoli, Praga czy Falenica, to cię stary szkoda, mylisz dwa różne słowa, bo skurwysyństwo to nie blok czy kamienica, to twoja głowa, w której czai się słoma, tak tak to pan tik tak, to czas tak tyka, zając po śniegu pomyka, niby jesz gówno, ale za to z tęczowego talerzyka, gówno, ale takie fajne z parasoleczką, lukier po wierzchu, deseń z orzeszków, niby gówno, ale za to w promocji z łyżeczką, panowie co za okazja, co za wieczór. Śpij i nie myśl nic chłopcze, zobacz twój kutas już drzemie w spodniach, księżyc też zasnął z rękami na kołdrze, a jutro będzie sobota, psy śpią, matka śpi, widzisz jest ci tak dobrze, wygrywasz kody i wycinasz nagrody, a jutro będzie sobota. Śpij i nie myśl nic, gazeta czuwa matka twoja wyborcza, porządek panuje w Krakowie, w Warszawie porządek, cała Polska tak spokojna, cała Polska wysyła bony i wygrywa kupony, bo chciałaby mieć rower i nowe majciochy. A teraz będzie konkurs na ósmy dzień tygodnia, a teraz będzie zdrapka i telezagadka radiowa, a teraz będzie gazeta twoja matka wyborcza, a jutro będzie sobota. Bo zło to nie ulica ani nie dzielnica, bo zło to twoja głowa, posłuchaj moje słowa, choć różne są gadżety i różne są loga, mijają doby a ty wciąż nieduży masz wybór, czy w centrum złotym nożem cię zabiją, czy na Pradze kijem.

I co złamasie, pewnie teraz myślisz, że to koniec legendy o tej jakiejś Pitz Patrycji, bajeczki dla dzieci o gwiazdeczce, co nie świeci, o wierzbie, co płacze, o Made in China laleczce, której wyszły flaki, myślisz, że this is the end my friend, już MC Dorota zwija swój sprzęt, bo teraz będzie faka faka o jacuzzi i kąpiących się tam chłopakach, o nie nie nie, bo posłuchaj mnie, to jest piosenka o miłości, nie o chwdp i baunsujących laskach w strojach kąpielowych z cipą ale bez głowy, EC Siekierki i EC Kawęczyn, jeśli myślisz, że tak będzie no to jesteś w błędzie. Pe I Te Zet Patrycja, ona przecież miała wszystko, o czym polecała „Filipinka", perfumy Rykiel Sonia i pozłacana szminka, złote papierosy i pachnący długopis, tonik acnosan i krem do koloru oczu, więc czemu siedziała wieczorami w oknie pcv plastikowym, w pozycji gotowości gotowa do miłości, ale tylko anioł szpetny do niej przychodził z jednym skrzydłem i z siatką „Społem" założoną na asymetryczną głowę, oparci o poduszki jedli dla ptaków okruszki, ona i on sami w tę złą noc, i nie spali, bo nie, bo piętro wyżej kobieta i facet uprawiali głośno seks, ach ach ech jak starą kurwę pierdol mnie, a ślepe echo przez otwarty balkon niosło się, he he, i krzyczało „A TY NIE A TY NIE ANI KIEDYŚ ANI NIGDY ANI JUŻ NIE ANI JESZCZE NIE" i czasopismo „Nie" sponsorowało krzyk ten, he he.

Więc godzinami patrzyli w ślepnące oczy miasta i obietnicy pożyczki szukali w ich dalekich blaskach, Pitz Patrycja w matni rozpaczliwych marzeń, o tym jak idzie nocą, tak piękna piękna przez swoją dziką dziką plażę ubranie ma z pieniędzy, a oczy z diamentów, tak piękna piękna, jak te dziewczyny, co nigdy nie robią ekskrementów i wszyscy jej chcą tak bardzo bardzo, wszyscy tak jej pragną, jadą za nią ze wzwodem swoim tęczowym samochodem, a ona tylko przyciska „SPIERDALAJ CANCEL".

Hej ludzie, posłuchajcie tej historii, zróbcie ją sobie głośniej, bo to historia o miłości, jak krew ją do was w zaciśniętej pięści niosę, to nie jest piosenka o lejącej się wodzie, wycinaj kupony, zbieraj bony, wysyłaj nagrody, bo „kto gra ten wygra" – jak mawiał Platon, „szedł Grześ przez wieś"– jak twierdził Sokrates, mam dziewiętnaście lat i niepotrzebna mi osobowość, ponieważ mam charakter. Miłość? Robię to już od czterech lat i nie musisz mnie pytać, robiłam to we wszystko, w usta, w dupę, w pachę, w ucho, oko, w cipę. Jak mawiał Heidegger „rósł grzyb pod lipą", jak powiedział Deleuze „idziemy stamtąd do nikąd".

Więc posłuchajcie, waszych złudzeń Kinoteatr Tęcza dziś obejdzie swe wielkie zamknięcie, myślicie, że życie to gra, z auczana gazetka, gdzie jesteś tak cholernie wolny, bo to właśnie ty wybierasz najtańszą margarynę i gazowaną szczynę po dziewięćdziesiąt dziewięć, a Bóg się cieszy w niebie, że taki ci ładny prezent włożył pod choinkę, z Chińczyka szynkę, że tak się ładnie postarał, w promocji kalesraki auczan na gumce we wszystkich kolorach, wzorach i rozmiarach. Więc jak ci się zdaje, że wiesz wszystko o świecie, bo rano jadąc metrem darmową czytałeś gazetę, to nie wiesz nic, bo nie znałeś nigdy Patrycji Pitz, nie wiedziałeś jej oczu smutnych jak z moczem słoiczki po keczupie „Pudliszki". Gdzie jest teraz Patrycja Pitz, może śpi i nie śni jej się nic, albo idzie ulicą z jałową macicą Pitz Patrycja i wszystkie dzieci krzyczą, co za kurwa brzydka. Hej złamasie, to do ciebie mówię, ciebie o to pytam. Co zrobisz, gdyby to do ciebie przyszła tak cholernie brzydka, przyniosła swe ciało jak turystyczna konserwa, oczami wywracała i chciała cię poderwać, to co, co wtedy zrobisz, przecież nie jesteś zły, tylko jesteś dobry, a jeśli to właśnie Chrystus do ciebie podchodzi w kostiumie Patrycji i chce to z tobą robić? Pomyśl o tym.

Stary powiem ci tak: Pe I Te Zet, Pitz Patrycja, naturalnie że myślała o mężczyznach, mimo że była brzydka i wreszcie zjawił się mężczyzna, artysta wokalista, nazywał się Retro Stanisław, zapamiętaj to imię i nazwisko, bo to piękne imię dla mężczyzny, dla artysty wokalisty piękne to nazwisko, ale zanim się to zdarzyło, ona za sobą już miała pierwszą wielką miłość, a jak to było? Rok wcześniej gniło popołudnie różowe nad miastem, niebo się wstydziło, w watolinie spalin szła Patrycja ulicą, kiedy on się zjawił, mimo ciepłej pory miał na nogach kozaki i nieprzyjemnie śmierdział, „halo proszę pani" – tak do niej powiedział, myślała że chce kaskę na wino i wódkę, a to przyszła do niej upragniona miłość, wielka choć jakże krótka. „Już od dłuższej chwili tak za tobą idę, zauważyłem, że masz skrzywienie w części potylicznej, ja jestem Mariusz i ja z zawodu jestem masażystą, chciałbym cię masować po wszystkim i czy masz coś przeciwko. Ja, ja bardzo lubię robić pranie, chciałbym do ciebie kiedyś wpaść jak będziesz sama, chciałbym prać twoje ubrania, najlepiej spodnie, jeśli się zgadzasz, i czy nie będziesz miała przeciwko jeśli je będę wąchał w kroku, i czy twojemu chłopakowi nie będzie to przeszkadzać. Mogą to być twoje spodnie, jakie wolisz, mi dziewczyny nieraz swoje spodnie przynoszą, abym te spodnie prał, ja proszek i wszystko mam, tylko żeby były już chodzone, wiesz, o co mi chodzi, te spodnie, spodnie dzwony, spodnie dresy, spodnie dżinsy, spodnie bryczesy, spodnie spodnie, spodnie dzwony".

Więc to już! – wszystko jej się wtedy wydało tak rozpaczliwie krótkie i jak groch malutkie, sznurówki w butach jej wiatr rozsupłał, śmieci do buzi nadmuchał, a Bóg siedzi w niebie i się z niej śmieje, zamawiała ciasto a dostaje właśnie ciasteczko z ziemi, proszę to dla ciebie, he he, oto to twoje największe marzenie, zjedz szybko, bo tata zabierze i da gołębiom i wtedy powiedziała do niego: „dzięki za komplementy, ale to nie ze mną, w ogóle spierdalaj, myślisz że co ty sobie wyobrażasz, miło cię poznać ale co ty masz mi sobą do zaoferowania, wiem, że mnie kochasz, nie wnikam, ale ta miłość to niestety twoja wielka pomyłka i bardzo mi przykro, nie dzwoń, nie proś, nie pytaj. Myślisz, że co, że mnie nikt nie chce? Takich jak ty mam sto tysięcy, pod domofonem jęczą, otwieram a oni na wycieraczce klęczą, lecz ich złudzenia to Kinoteatr Tęcza, Mirosław Pęczak u ciebie w domu na przyjęciu, nie nie i jeszcze raz nie, nigdy z tobą nie będę, spierdalaj, bo cię nie chcę, bo jak ty w ogóle wyglądasz, jesteś biedny i nieprzyjemnie śmierdzisz, Artur Grottger *Już tylko nędza*, Katarzyna Kozyra kołnierz z psiego ścierwa, a ta twoja gęba, ten twój ryj rozszczepiony, powiedz kto ci go zrobił, powiedz kto cię tak urządził, tani alkohol gen twój zmącił, może sznurka potrzebujesz, może ci pożyczyć na sznurek? Nie dzwoń, to pomyłka, chociaż gdzieś jest podobno taka jedna dziwka, nazywa się Pitz Patrycja i jest tak strasznie prawie jak ty brzydka, że może do niej zadzwoń i się zapytaj, bo ja nie, bo ja teraz idę do Centrum Galerii oddać się na mane-kin, sorry baj baj spierdalaj, dzięki za twoje zasrane komplementy".

Aby jej nie rozpoznał, że Patrycja to ona, truchtem świńskim poszła do domu i z tych słów, które padły myła długo ciało, bo właśnie odkryła, że strasznie od niej czymś jechało, czymś strasznym, o czym przemilczają nawet reklamy, czymś wstrętnym, o czym nie piszą o tym kolorowe pisma, smrodem którym przesiąkło już wszystko, nią samą, nią samą, Pitz Patrycją. Bo nie powiesz, życie to jednak gorzkie żale, gorzkie gody, twoja wielka superloteria bez ani jednej nagrody, czy wyciąłeś najnowszy bon, czy zdobyłeś wszystkie kody, czy wygrałeś już twoje kupony, 00–910 Warszawa–Uroda, 03–555 War-szawa–Moda, czy wolisz wysyłać bony, czy zbierać kupony, czy wygrywać kody, czy jaka jest twoja ulubiona nagroda? Ale powiedzmy szczerze, czy to była miłość, to zaledwie było intro do miłości właściwej, która przyszła potem i z głośnym łoskotem rozwaliła wszystko, co było kiedyś nią samą, nią samą, Pitz Patrycją.

Myślisz ta historia z Pitz to totalna ściema, nierealna podpucha, myślisz: co?!, ja mówię nie co tylko słucham, to ty mnie posłuchaj, kutasie głupi, gdzie byłeś, gdy świat się tak każdego dnia kurwi. Mówisz to nie jest hip hop, nie mów hop, bo to zły trop. Chciałbyś faka faka o bezrobotnych, myślisz, że ja nie mam okna i nie widzę, co się dzieje przez swe okno, nie widzę, że jest sytuacja socjalna w Polsce, że wszyscy mieszkają w bloku i mają duże bezrobocie, boi

się do szkoły chodzić młodzież, bo inne dzieci zabiorą im tam pieniądze i za-
dzwonią z ich telefonów komórkowych, a każdy ma tylko własny zysk i interes
w głowie, gdzie swój grill z kiełbasą rozłożyć, samemu wziąć udział w promocji
a innych zgnoić? Wiele jest bezrobocia, wiele ludzi głodnych, a życie na ulicach
Polski jest jak „Twoje Bezrobocie" dziennik i „Świat Bezrobotnych" tygodnik,
gdzie prezentowana jest moda i uroda bezrobotnych, krzyżówka bezrobotnych,
kuchnia bezrobotnych i „zapoznaj bezrobotnych z całej Polski" rubryka, zając
po śniegu pomyka, niby jesz gówno, ale za to z tęczowego talerzyka. Praga
moja dzielnica, a Okrzei to moja ulica, rzeczywistości negatywny osąd to mój
zwyczaj i obyczaj. Elo, nie chcę deseniu z orzeszków, elo, nie będę mieszkać
z kutasami na strzeżonym osiedlu, elo, zając po śniegu pomyka, co to za hałas,
to moi sąsiedzi grzebią w dziwnej lawinie śmietnika. I git, mi to nie szkodzi,
mi tylko o to chodzi, jak ludzie źli odebrali dziewczynie elementarne poczucie
własnej wartości, jak szambo własnych niespełnionych frustracji i marzeń na
inną osobę niewinną wylali, jak można stateczek z chusteczki zatopić łatwo
w nienawiści kale, jak pieski małe najbardziej szczekali ci mali, bo dlaczego?
Bo najbardziej się bali.

Dni mijały, z wymowną regularnością się zjawiały jej okresy czarne na
majtkach, znacząc penitencjarnego oczekiwania kreski, ile jeszcze, ile jeszcze, nic nie mogło wyleczyć ją z codziennej depresji, z braku miłości opresji,
jak łzy smutne spod ślepej powieki jej okresy, ile jeszcze, ile jeszcze, a ona
pracowała teraz w gazecie, ojciec jej to załatwił i przepisywała dniami i noca-
mi przez innych zrobione wywiady z znanymi osobami, play i rewind wywiady
te na taśmę nagrane dzień i nocą grzmiały w czterech ścianach, fonetyczne
wielkiego szczęścia zapisy wciąż rozbrzmiewały. „Napisz, że w ciąży cierpia-

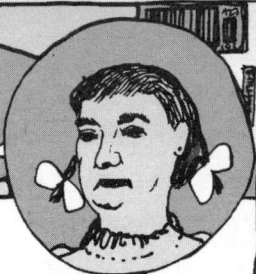

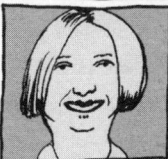

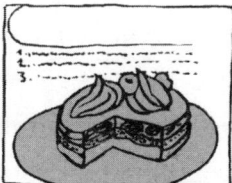

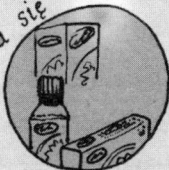

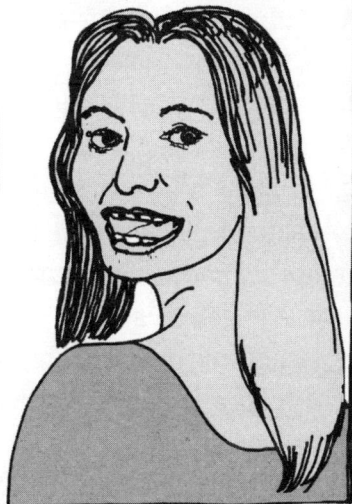

... NAPISZ, ŻE W CIĄŻY CIERPIAŁAM NA WĄTROBOWĄ CHOLEOSTAZĘ —
— MÓWIŁA PIOSENKARKA ZNANA — NAPISZ ŻE OBJAWIAŁO SIĘ TO
SWĘDZENIEM CAŁEGO CIAŁA.

łam na wątrobową choleostazę" – mówiła piosenkarka znana – „napisz, że objawiało się to swędzeniem całego ciała. Napisz, że tak było, ale że wszystko już zrozumiałam. Kiedyś posiadałam złe cechy charakteru, teraz ich nie posiadam". „Na uzależnienie od kokainy cierpiałam" – mówiła aktorka znana – „to był błąd ale teraz wszystko zrozumiałam. Na oddziale w klinice dużo polskiego rocka na walkmanie słuchałam. To wiele mi psychicznie pomogło, to mnie właściwie uratowało. Napisz, że na Bemowie mamy piękne 75 metrów mieszkanie. Napisz, że wszystko jest przeszłością, kiedyś paliłam mocne, teraz superlighty palę. Za słodyczami przepadałam, teraz nie przepadam za słodyczami. Kiedyś kokainę ćpałam, ale teraz wydaje się dużo większe, bo wyburzyliśmy ściany".

Ona modliła się, aby tylko coś się stało, ale tylko mijał dni jednolity miał, tylko zmieniały się kolory z szarego na szary, choć każdy był taki sam, jak mawiał Platon „let nurse give you a shot", nie zostawał ani jeden czasu ślad, a przecież teraz jest moda na czasu ślady, to nie jest właściwie nasze życie, to są nasze zdjęcia naszej beznadziei fotografie, zespół kompulsyjno–obsesyjny suszenia śmieci suszenia starych kwiatów, nic się nie dzieje, ale kamera start, my skamerujemy was a wy skamerujecie, jak my kamerujemy was, jak stoimy i nic do siebie nie mówimy, ale to nie szkodzi, bo to my nic nie mówimy, to nic nie mówią elity, wiesz jak jest? Jakby tu wszedł pies, to by nie zobaczył żadnej elity. Dlaczego gównu swojemu nie zrobisz zdjęcie, nie chcesz, jak poprosisz ono się uśmiechnie, to byłoby prawdziwym czasu śladem, masz inne niż wszyscy, bo co innego jadłeś, w Rastrze wernisaż wielką wystawę zrobi ci Michał Kaczyński, będzie wino w kieliszkach i pod wrażeniem będą wszyscy, jakże oryginalni jakże bezkompromisowi są dziś artyści. A gdyby samotności Patrycji zrobić zdjęcie, fotoreportaż z jej niezamieszkałego wnętrza, samotnego, na które nikt nie przyszedł przyjęcia, na którym podpiera jedyną ścianę sama, sama nie prosi siebie do tańca, sama wstaje i je płatki na śniadanie kukurydziane, popija z mlekiem kawą, „Euroshopper", bo wbrew temu, co twierdzi w swej książce Soszyński Paweł nie ma już marki DiT, dobre i tanie. Któregoś dnia coś się jednak stało, w szklance, w której śnięta ryba trzydniowej herbaty assam pływała nagle coś zawirowało, lecz cudem bym tego nie nazwała, choć niewątpliwie nad Wisłą to był to cud umiarkowany, tego dnia Patrycja polecenie dostała, aby pójść po autoryzację, bo system komputerowy tego dnia padł w redakcji, więc ją wysłał głupi redaktor odpowiedzialny, bo z powodu wiadomego wyglądu jak psem z jedną łapą nią pogardzał, tu masz adres: Stanisław Retro ulica Super Turbo strażnicy strzeżone osiedle, pójdziesz i powiesz mu tak itepe itede, i teraz walimy w dym małej dygresji, chcąc opisać Stanisława Retro ówczesną życiową opresję.

EC Siekierki, Stanisław Retro cały dzień w *Diablo dwa* grał, złych z nienawiścią zabijał, niszcząc siły zła i płakał, jak zostawić go ona, jego dziewczyna Ewa, mogła, przecież dobrze chciał, chciał tak dobrze, przecież dobrze chciał, przecież reprezentował siły dobra, zostawiła w domu wszystko brudne więc owinął się w pled i płakał głośno widząc się w lustrze, to on Stanisław ten dobry blondyn uczciwy Szwed, dlaczego w Polsce nie w Szwecji urodził się, miałby teraz na imię Hamsun, miałby czystą żonę Brittę a na imię Alfred, w jasnej czystej Szwecji urodziłby się, miałby jasne krowy i konie uczciwe. W *Diablo dwa* tak grając był już prawie pewien, był duchowym Szwedem albo chociażby Skandynawem, Islandem albo Norwegiem, dlaczego więc było mieszkanie niesprzątnięte, dlaczego pracowici i dobzi nie byli ludzie, dlaczego nie obudził się dziś w Bullerbyn tylko w takim chlewie? To przez Ewę, to przez nią, przez nią spodni wczoraj nawet do spania nie zdjął, bo swoimi pretensjami głupimi popsuła mu cały wieczór o wydanie na grę *Diablo* złotych dziewięciu dziewięciu, EC Siekierki i EC Kawęczyn, czy ty jesteś tobą, czy jakimś naszym pierdolonym dzieckiem, dlaczego że są nam na co innego pieniądze potrzebne nie wiesz i jak już dostaniesz jakąś głupią trzy złote tantiemę to od razu je przejebiesz, mój dziadek był hrabią, a ja nie mam na złuszczanie exfoliating maseczkę, dlaczego dość mam już tej jak w slumsach nędzy. Dlaczego jesteś nikim dlaczego nie mamy wciąż pieniędzy, wyobrażasz sobie, że jesteś wielkim wokalistą superartystą, zobacz co o tobie piszą w internecie, piszą, że cię znają i jesteś masonem i pedałem, że tylko dlatego ci się udało, bo inaczej by ci się nigdy nie udało, po co to *Diablo dwa* kupowałeś, przecież miałeś *Warcraft*, przecież *Quake czwórkę* miałeś. Piszą, że chodzili z tobą do jednej klasy i w liceum z tobą pili, że byłeś ich największym przyjacielem, ale nigdy cię nie lubili, piszą i że jesteś masonem i pedałem, w życiu, że się z pedałem związałam bym nie pomyślała, nic o twoich inklinacjach tego typu nie wiedziałam, dlaczego nigdy mi nie powiedziałeś. I tak dalej. Po co te głupie *Diablo* kupiłeś, masz lat pięć czy ile, ile prądu na to granie już zmarnotrawiłeś. Czy w ogóle dla ciebie żadna wartość się nie liczy, no mów coś, nie mogę patrzeć jak już tak milczysz, nieprzebranymi łanami gówna jest nasze życie, po co to *Diablo dwa* głupie kupiłeś, chciałam mieć rower i nowe majciochy, a nie mam sobie nawet czym przeciąć teraz szyję. Where is the love you promised me, where is it, gdzie jest ta wielka, co mówiłeś, miłość? Pożar twojej potencji to lichy przy ziemi pełznący płomyczek, swoją satysfakcję mogę na palcach jednej ręki policzyć, kiedyś było lepiej, bo kiedyś było inaczej, kiedyś mnie jeszcze całowałeś, dziś chcesz mi tylko jak pierwszej lepszej piździe burej wkładać, jak ja tobą naprawdę seksualnie pogardzam, jesteś jak dziecko jedenaście lat, włożyć raz i trach, a potem nie porozmawiać z dziewczyną, bo o czym, tylko iść spać, w gry głupie rąbanki *Diablo dwa* całymi dniami grać, potwory głupie nieistniejące zabijać, Żyda lepiej zabij w sobie to ci powiem, mówi się otwarte a nie otworzone, drżenie i bojaźń Kierkegaard Soren, wiesz że w artystycznym świecie się przestałeś liczyć, kiedyś byłeś w Warszawie kimś i wszyscy jak wchodziłeś zaczynali inteligentnie milczeć, bo każdy się przed tobą wstydził, teraz nikt cię nie chce znać, każdy mówi, że na gitarze elektrycznej jak popcornowy szmaciarz grasz, że solówki zerżnęłeś z O.N.A. zespołu na swojej nowej płycie, że artystycznie jesteś masonem, pierdolonym nikim i co ja mam zaprzeczać, skoro ja też tak właściwie myślę, gdzie twój talent, gdzie twój sukces i niepokój artystyczny, intelektualnie ty nawet nie potrafisz swojego imienia i nazwiska napisać ortograficznie, mój dziadek był hrabią a ty mnie sprowadziłeś w matnię nędzy, jestem ubrana na przecenie, jak swoja uboga z podmiejskiego miasta krewna. I co się tak patrzysz głupi kondonie, po co ci było to *Diablo* pierdolone, powiedz lepiej, co będzie jutro na obiad, zupki chińskie, z koncentratem makaron czy pizza mrożona, czy nie wiesz inne potrawy lubię, że rak mi się robi, jak myślę z czyich psów to jest robione.

On cały czas grał i milczał, w myśli, kiedy mu się uda przejść *Diablo* całe już obliczał, ale kiedy ustęp o pizzy mrożonej usłyszał, to od żywej reakcji nie mógł sie powstrzymać, wzrok od ekranu oderwał, to akurat dobrze pamiętał: „MI TEJ PIZZY NIĘ OBRZYDZISZ" – tak do niej powiedział – „ja kiedyś założyłem się, że podniosę gówno z ziemi i podniosłem i trzymałem je w tej ręce". I podniósł, pokazując prawą rękę, tą którą kiedyś dotykał ją i pieścił, dla niej tego już było za wiele i chociaż on bardzo się śmiał, to ona nie ząuważyła, że to jest tak śmieszne, do klawiatury podeszła i wszystkie przyciski gwałtownym ruchem wcisnęła, i wtedy komputer się zawiesił. „Zgłupiałaś!?"– on wrzasnął i czymś leżącym obok ją nagle uderzył, ale nie wiadomo właściwie co to było, bo oto już wtedy stała w drzwiach, do torebki sobie płakała i odchodziła. I tak to się skończyło, ta wielka miłość.

Teraz co zrobić ze swoim życiem nie wiedział, znasz tę chwilę jak na zgliszczach siedzisz, dłonią rzeczywistości zepsutych odłamków dotykasz, myślisz, czy da się skleić z powrotem w całość to wszystko, to przeszłości nieporządne pogorzelisko. Każda rzecz porzucona w powietrzu nie rozbija się, tylko leci jeszcze chwilę w miejscu, powoli dochodzą do siebie kolory, osiada w nowej formie bałagan, w na strzeżonym osiedlu mieszkania zakłócona przestrzeń. Już wcale w *Diablo dwa* już grać mu się nie chciało, że co, że on jest jakimś masonem, jakimś pedałem? Wszystkie te insynuacje mu się teraz przypomniały, gdzie są ci skurwysyni, którzy w internecie takie rzeczy o nim niemiłe napisali, niech tu staną, dlaczego jego tak obrażali, dlaczego takie nieprzyjemne potwarze publicznie rozpowszechniali? Że z jakichś innych zespołów zrzynał solówki na płycie? Może tak, ale z tych co ona mówiła nigdy by nie zrzynał w życiu, to fałszywy realiów ogląd, nieprawdziwy pogląd na rzeczywistość. A co jej tak w tym *Diablo* przeszkadzało, czy ona nie rozumie najmniejszej zabawy, czy nie można chwilę zapomnieć się i w grę pograć, czy trzeba zawsze być takim poważnym? Skąd jednak źródło tych potwarzy, kto mógł go tak oskarżyć, komu się naraził, i dlaczego, że jest pedałem, przecież nigdy nie był nawet pedała śladem. Tak rozpaczając po mieszkaniu chodził, czegoś szukał, bo był głodny, mogła odejść, bo była wolna, ale mogła wcześniej posprzątać, czego nienawidził najbardziej to właśnie w domu niehigienicznego nieporządku, girlandów brudnych gaci, w szklankach torebek spleśniałych po herbacie, na wannie linii z osadu, w klopie kostka klozetowa jak ślepa paszcza bez wkładu, teraz już go nie obchodziła wcale, wcale jej odejścia teraz nie żałował, ale był naiwny, gdy z taką flądrą się wiązał i dobrze mu tak teraz, ach gdyby tak nie być nim tylko dobrym uczciwym Szwedem, Knutem, Hamsunem albo choćby Alfredem, a na drugie imię mieć Pete. Łyżki i widelce strugać z drewna, wielkie o szczerym spojrzeniu ryby łowić w rzece srebrnej w dalekiej Szwecji, tym kraju uczciwym i pięknym. Na targ w soboty jeździć, kupić ślazowych cukierków za szwedzkie pieniądze dla swych szwedzkich dzieci, żonę mieć Linę tak czystą i uczciwą, że nie chce się jej w ogóle dymać tylko, kurwa mać, leżeć przy niej, leżeć i patrzeć, jak je jedzenie, oddycha powietrzem, być przy niej tak bezpiecznym, tak dalekim od tych ludzi tak fałszywych, złych i nieuprzejmych, piszących nieprawdę w internecie. Matce z powrotem wejść do łona i oglądać telewizję jej wnętrzności czerwonych, a ty czy czasem też nie marzysz o tym i owym, czy nie myślisz o własnoręcznym zgonie? Dobrze o tym wiesz, czasem kusi własnej osoby śmierć, kusi suicydalna możliwość, gdy ktoś ci zrobi taką chujową przykrość i nie potraktuje cię miło, gdy sytuację socjalną widzisz, dziecka z Pragi gen wadliwy, czasem trudno samobója chęć ukryć, na this is the end się nie skusić. Elo, myślisz, że tej chujozy w naszym państwie na każdym kroku nie widzę, elo Północ Praga i elo gdzie kiedyś mieszkałam Powiśle, elo na Dobrej monopolowy Sandra, elo nocny na Jagiellońskiej Alkohole Świata, elo lumpy z naprzeciwko kamienicy. Elo nad Północ Pragą nocy sobotniej gorączka, elo Okrzei, ojciec matkę zabił, a syn wyrzucił ją z okna. Elo, ojciec matkę zabił, a syn tylko ją trzymał, „AAAA!" w bramie wrzask, to jeden dziad drugiego wydymał. Elo Jagiellońska i elo Targowa, w barze chińskim Wietnamczyk

Murzyna ugotował, elo Ząbkowska, elo Inżynierska, dziś już nie pamiętam sytuacji, w których serce pęka. Ciągłych myśli udręka, wtem dzwonek u drzwi nagle zadźwięczał, jego refleksji chorobliwość przerwał, uświadomił, że jednak żyć trzeba, lecz żeby jehowi to byli nie chciał, co jak co, ale aż tak silna towarzystwa nie była z jego strony potrzeba, aż tak desperacką drugiego człowieka obecności nie pałał chęcią. Fakt to naglące czasem poczucie artystycznej samotności, ta napadająca go chęć porozmawiania z człowiekiem prostym o czymkolwiek, zawiodła go już raz na z jehowymi kolegowania się manowce, zobaczył przez judasz dwóch sympatycznych w garniakach gości, myśląc, że to dziennikarze na wywiad z zaprzyjaźnionego brukowca, do środka ich zaprosił, w malignie wzajemnych poufności kafe neskafe im chciał robić. Aż do czasu kochanie, gdy zadali swoje pierwsze pytanie, które jak na prosty o cyckach magazyn wydało mu się podejrzanie skomplikowane, składające się ze zbyt wielu długich trzysylabowych wyrazów takich jak internet, jak pornografia, jak terroryzm, wyrazów takich jak koniec świata. „Hola hola panowie" – on na to powiedział z pewnym, że nie było dyktafonu, niepokojem – „nie ma co się tak znowu kręcić takiego doła", ale ich wcale jakby nie interesuje jego wypowiedź: „Bóg nigdy nie działa pod wpływem nagłych emocji!" – jak nie powie nagle ten jeden kolega – „Bóg zawsze najpierw ludzi ostrzega, o karze nadchodzącej uprzejmie uprzedza, a oto, panie Stanisławie *Biblii* fragment stanowiący ilustrację". I jak nie wyjmie, jak czytać nie rozpocznie, o tym jak przyszły anioły Lota przed karą ostrzec, a te świnie, ci z Sodomy i Gomory chłopi przyszli tam pod dom, bo chcieli wyruchać te anioły, kropka koniec, powiedz Locie tym gościom twoim, że mają wyjść, albowiem my chcemy z nimi współżyć, on Stanisław w duszy pomyślał, jak mężczyźni od zawsze byli jednak źli i świńscy i z powodu nikczemności swej płci odechciało mu się żyć, ale to koniec tego doła jeszcze nie był, tylko wierzchołek zaledwie, cały wieczór w dół wpędzali go wielki, tyle naraz o zła skutkach negatywnych się nie dowiedział nigdy wcześniej, o armagedo wysokim prawdopodobieństwie i osobistym człowieka niebezpieczeństwie. Księża oskarżani o ludobójstwo, o dzieci molestowanie hierarchia sprawę tuszuje, niszczy ryb populacje nowoczesne rybołówstwo, popularny ksiądz skazany za ruję i porubstwo. Strzelaniny w szkole, giną nauczyciele i uczniowie, na targowiskach wybuchające bomby, kościoły popierają obie walczące strony, nie nadają się do picia skażone gruntowe wody, w szpitalu niemowlę czteroletnie bez płci zostaje narodzone, czteroletni dałn, toczący mongolski jad, apokalipsy bliskiej znak. Ratatatata zabija z pistoletu brata rodzony brat, a z perełki wyszedł dziad, cały świat posolił, strzelaniny w szkole, któregoś dnia sam się dowiesz, jak w głowie człowiekowi potrafią zawrócić jehowi, tyle aspektów strasznych przedstawili Retro Stanisławowi piosenki tej drugoplanowemu bohaterowi, że marzył już tylko o życiu w Szwecji prostym i skromnym, o zostaniu szwedzkim pastorem jehowym i życiu życiem dobrym, pomaganiu ludziom chorym, musiał jednak przerwać te przykre przeszłości zmory, bo dzwonek znów zadzwonił, i miał tylko jedną prośbę, żeby to nie byli oni, żeby nie przyszli znowu kręcić tu jeszcze większego doła. Ale to nie byli oni, to była ona, rabarbaru nieładna królowa.

Lecz chwila, zapytaj najpierw siebie w sercu o tę kwestię sporną, co ty zrobisz, jeśli to ciebie apokalipsy jeźdźcowie porwą, wołgą czarną do psychicznej piwnicy niepokojącej cię zawiozą, pewnego dnia takiemu jehowowi drzwi otworzysz, bo to kiedyś nastąpi, czy do środka go wtedy zaprosisz, czy drzwiami trzaśniesz przed nosem, mówiąc „jehowom nie otwieram" oschle. Co na pytania im o internet i terroryzm odpowiesz, a co jeśli do ciebie przyszłyby w gośce anioły, a twoi sąsiedzi do twojego domu by nagle wpadli i chcieli z nimi odbyć stosunek seksualny? Czy nie byłoby ci głupio, czy nie czułbyś się fatalnie?

Ona powiedziała: „dzień dobry, ja jestem z czasopisma, redaktor odpowiedzialny mnie tu po autoryzację przysłał". I tak dalej wiadomo, studentki polonistyki na w gazecie taniej stażu dyskurs. W drzwiach tak stała, twarz jej mięsa kolor miała i brak urody zdradzała niekompatybilny do jej ubrania, elo DTC, elo Galeria Mokotów i CH Arkadia, elo na pewno była Patrycja Pitz lepiej niż ty i ja ubrana i lepiej niż on, lepiej niż nad H&E–mem świecący neon, czy jednak polepszało sytuację jej estetyczną to? Niepewności mrok, firmy jej ubrań na pewno znasz dużo lepiej niż ja, więc już wyobraź sobie sam, bo ja się na tym nie znam. Przed wyjściem zważyła się, aby choć raz ważyć tyle ile chce, ustawiała godzinami wagę, aż pokazywała kilogramów trzydzieści pięć i zadowolona z wagi tej, choć chyba więcej ważył nawet jej cień, wyszła w jesienny dzień, bo to była już jesień, na Pradze było to strzeżone osiedle, to była już jesień, wiatr ulicą smród nieszczęścia niesie z pobliskiego zoo, gdzie zza krat smutne afrykańskie zwierzęta wołały całymi dniami „Noł! Noł!", standard mieszkania Retra na strzeżonym osiedlu psując, śmierdział niepokojąco ich mocz, standard na strzeżonym osiedlu mieszkania zaniżając, bo kto chce tak żyć w mieszkaniu z widokiem na dziejące się zło? Zły feng shui stwarza to. Ach, kurwa, rzucić wszystko, wyjechać chociażby do Niemiec, być tam grubym Niemcem, grubą mieć żonę Gudrun albo Gretchen, po chodnikach chodzić niepękniętych, a najlepiej być Szwedem, mieć na drugie Pete, hodować ryby w rzece, patrzeć jak się kąpią całymi dniami, być stąd daleko, piękne takie porządne miała to ubranie, ach kurwa dlaczego on tak

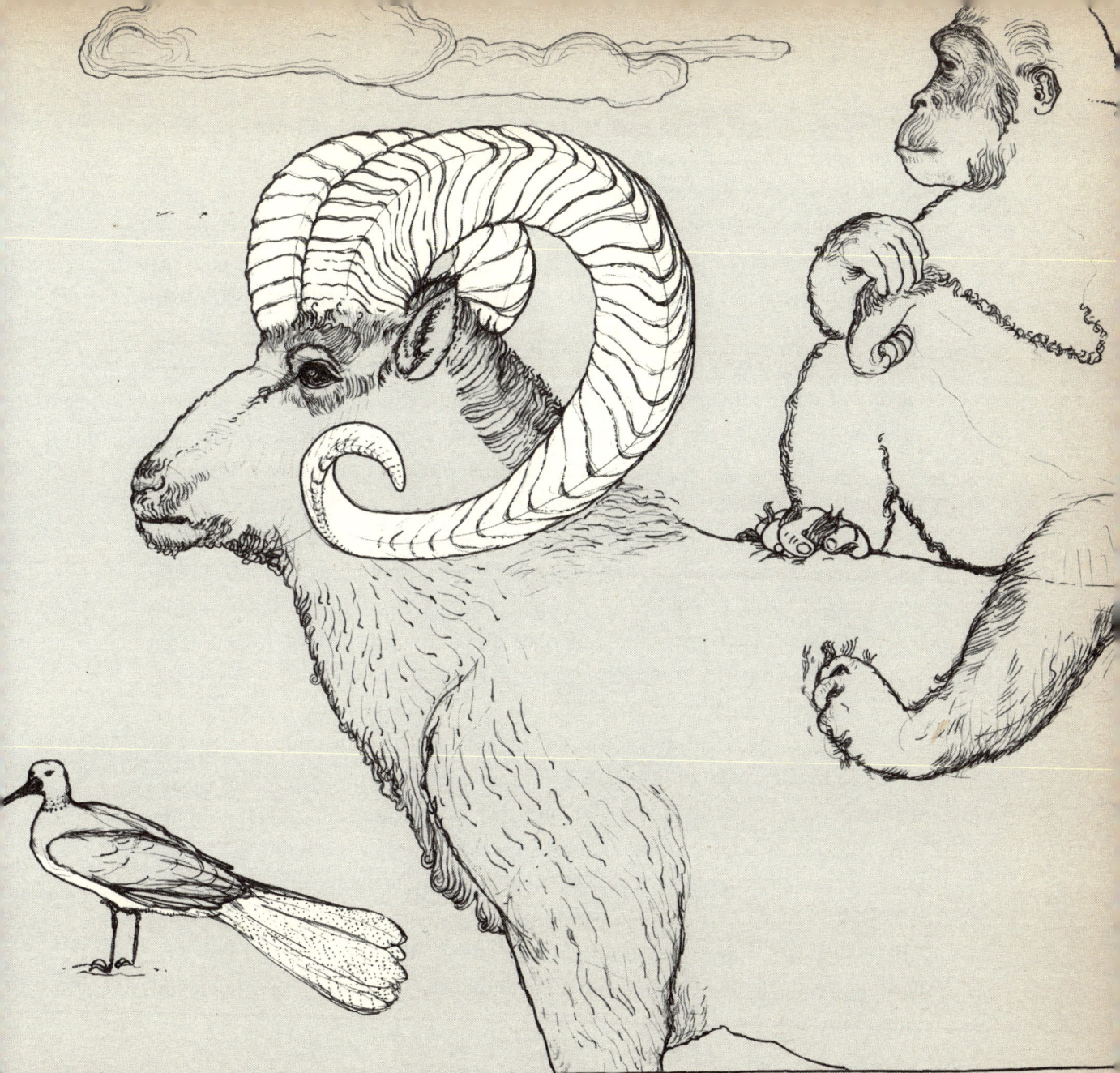

... WIATR ULICĄ SMRÓD NIESZCZĘŚCIA NIESIE Z POBLISKIEGO ZOO,
GDZIE ZZA KRAT SMUTNE AFRYKAŃSKIE ZWIERZĘTA WOŁAŁY...

nie chodził, ludzie inaczej by go traktowali, za osobę o charakterze semickim by go więcej nie brali. Po co kupił tę grę *Diablo*, nagle się rozżalił, gorycz ołowiana w nim wzbierała, słodka ukryta rtęć wzajemnych oskarżeń w gardle łaskotała, chciał rzucić się na panele i w kurzu wielodniowego dziadach się jak świnia tarzać, cóż z tej Ewy za szmata. Nie chciał wiedzieć, jaka jest pora roku i data jest jaka, nie chciał wiedzieć z jakiego wywiadu jest ta estetycznie kontrowersyjna ale tak pięknie ubrana koleżanka, chciał obejmować ją za kolana i o tym jak przegrał życie jej opowiadać. Jak w dzieciństwie skazywał zwierzęta na cierpienie nieuzasadnione, eksterminacja mrówek, rażenie żab z bateryjki prądem, jak przypalał pająkom nóżki, dopóki sam kadłub z nich nie został, jak do najwyższego etapu Fryderyków przez małe fiku miku się dostał, jak na pewnej imprezie przez innego wokalistę wydymany został, a rano dopiero po pewnych dyskomfortu oznakach co się stało poznał, jak mu Marcin Rozynek na backstagu ręki nie chciał podać, mówiąc do stojących osób, że solówki z jego płyty ściąga, jak jajka biednej gołębicy wyrzucał bezdusznie przez balkonu oko, jak potajemnie słuchał Róże Europy starego dobrego rocka, a publicznie raz po raz deklarował, że to którego nigdy nie słucha obciach, że gówno wziął do ręki za polskich piętnaście złotych. A Ewy nigdy nie kochał, tylko dlatego że miała zawsze ze sobą przeciwbólowe tabletki różne się z nią związał, ona nawet wody nie umiała bez poruty ugotować, jego emocje, jego z gier odczuwaną przyjemność chciała sabotować, charakterem i usposobieniem manipulować, grać w ulubione gry mu nie pozwolić, ale to przeszłość, to przeszłości Powązki, teraz trzeba wstać, twarz z plewów obmyć, losu podjąć wyzwania stojące, nie czuć ciągłego poczucia winy, Fitzgerald Ella to see the light beginning. Po tej linii zamiar teraz iść miał, na tę, co nie wiadomo, o co jej chodziło brzydalinę spojrzał i pomyślał, że rzeczywiście niemiłosierny jest jej twarzy wizerunek i obraz, straszny jej oczu oczekujących płodozmian, że ta dziewczyna nieco do mięsa z twarzy jest podobna w jego odczuciu, mięsa z dwoma oczkami utkniętego w nim śrutu, a jej włosy to bezskutecznie przyczesany pęczek drutu, srututu, a ku ku, czy ciągle tą pogardę trzeba czuć, cisza nastała między nimi pełna obaw, bo nagle zachciało mu się z kimś kochać, seksualny popęd go przycisnął, potrzeba seksualnej rozrywki, co z tego, że była brzydka, czy tylko miss world można włożyć, kiedy jest człowiekowi tak przykro, kiedy ludzie źli twój talent podważają, twoją zapłodnienia dokonania możliwość i twoją muzykę i z powodu grania w gry niszczą obupólną miłość, nie będziesz urządzał estetyki plebiscytów kiedy kutafon cię przyciśnie, w takiej chwili nieistniejącymi miastami nieistniejącego państwa są uroda i wygląd, nie muszę przecież na nią patrzeć, tak sobie pomyślał egoistycznie, i do startu start gotowi, powiedz jak on do niej podchodzi, jak kombinuje jak to zrobić by zaoszczędzić oczy, jakie padają z demobilu słowa, z cukrem cienka woda, trzydniowa wata cukrowa, sam sobie je powiedz, bo mi moich na taką przecenę szkoda, ciepło mydlane lampki choinkowej, dla dziewczyny ślepej z głodu z demobilu love love, w wolnym tłumaczeniu kocham kocham, a tymczasem już demontuje jej spodnie, czy to jest fair powiedz tak egoistycznie z czyichś ran zażartować, tak chcieć do czyichś ran papierosy swych żądz kiepować, o takim człowieku na usta cisną się krytyczne słowa, czy można tak z dziewczyną postępować, tak z czyjejś potrzeby akceptacji sobie dworować, mroczna jej ciała lodówka już do wielkiego otwarcia jest gotowa, ona myśli: ja jestem Patrycja a on mnie też kocha, pójdziemy do parku będziemy się kochać, pójdziemy do Szwecji i będziemy mieli dzieci, będę mieć na imię Irma a on Hamsun albo Pete, kupimy willę w Lonebergii i korty w Bullerbyn, kupimy sobie krasnale do lasu i oczko wodne do rzeki, jestem Patrycja przed nazwiskiem przydomek WON będziemy mieli, ja będę mieć na imię Lina a on Hans Christians Andersens. A że ten egoista nie jest jej kolegą, .nawet przez myśl jej nie przejdzie, że sympatię i miłość pozoruje z pobudek niewybrednych, ja jestem Patrycja i on już zawsze ze mną będzie, ja jestem Patrycja, a jutro znowu pójdziemy nad rzekę. On myśli o jednym i odwraca od niej oczy, chce jej wreszcie włożyć i mieć już to z głowy, bo jest od wczoraj głodny i bardzo zmęczony, posłuchaj złamasie, bo ta historia się już kończy, jak ocenisz takiego egoistę, jaki jest twój system wartości? Bo świat to na skurwielstwo napędzana machina, w baku egoizmu i empatii braku benzyna, opluwa chłopak chłopaka, opluwa dziewczynę dziewczyna, dziecko nie słucha matki, kierowca pieszego zabija, a ty znowu pytać zaczynasz, na co ci te kombinacje, o co ci w ogóle chodzi, na o co chodzi pytanie to ty mi dziś odpowiedz, myślisz, że nie mogłeś nic zrobić niczemu zapobiec, prostytuująca się kurwa ma mieszkanie w twojej głowie, da każdemu, kto jej powie, że czytał Nietzschego z Kierkegaarda posłowiem, szcza w tę co wszyscy stronę, kopie tego co kopią, dzwoni na policję mody, czy wyciąłeś dziś już kody? Wiesz co ci na pytanie to odpowiem? Czasem śni mi się, że chcę zamknąć oczy, ale w tym śnie nie było powiek.

On już ją ma pod sobą, on już chce to robić, niby jest taki gotowy, ale jakoś nie może, pyta siebie: co jest? Niemożliwością mu to wydaje to się, majakiem chorym, czy to rzeczywiste zdarzenie, czy świat jako przedstawienie i wola, czemu jego kutas nie stoi, czemu nagle zwariował, czemu w obliczu zdarzeń się jak dziecko w kolędę schował, czemu zwariował? Patrycja Pitz ciała do otwarcia gotowa mroczna lodówka, oto przyszła do niej miłość, wielka choć jakże krótka, tak jej odbiera realizm jego słów ze Stadionu wódka, co za skucha, jak te kobiety są jednak głupie, gdyby tak można było samemu ze sobą się ruchać. EC Siekierki, w nieznane światy wycofał się jego kutas, do środka schował główkę i zamknął na zasuwkę, pewnie na „dlaczego" pytanie odpowiedzi szukasz, odpowiedź na nie trudna, może za dużo grał w komputer i impotencja ta nagła to był nadmiernego czasu spędzania przed komputerem i w firmie fonograficznej stresu odczuwanego skutkiem, a może chociaż on bardzo się starał na konieczności stosunku skupić i do erekcji siłą woli i wyobrażeniami stron porno się do niej szybko zmusić, by choć jednego plemnika ślepego z siebie wydusić, i choć na swoje prącie jak na zepsutą myszkę dusił, to się nie dało, widocznie stać się to nigdy nie mogło i nie miało, tak patrzył z niedowierzaniem w nierozumne oczko swojej pały, która jak pranie mokre w przeciągu smętnie powiewała, a w dole jego spodnie spuszczone jak WTC dwie wieże zburzone, czy to zdarzenie przyśnione z nie tej koperty przez DJ–a wyjęte czy nie kochasz mnie już Boże, już nie śpiewa z nami cała sala, czy to naprawdę się działo, czy mu się może zdawało, czy to rzeczywiste zdarzenie, czy świat jako wola i przedstawienie, ty się śmiejesz, ale on się nie śmieje, czy ta brzydka pizda, że powinna coś zrobić nie wie, tylko stoi nieruchoma jak popaczkowane cielę, to już zbyt wiele, ona nie wie, co się dzieje, nagle on już nie jest jej najlepszym przyjacielem, złe ma spojrzenie z wściekłości bielmem, niby chce to robić, ale jakby jak nie wie, ręce ma oschłe i spojrzenie wkurwione, niby chce to robić, ale nagle jak nie powie: „ja jestem Stanisław a to są skutki twej urody, chuj mi przez ciebie nie stoi, jak z taką twarzą masz sumienie do ludzi wychodzić, czy twój ojciec do Czarnobyla na spacer z tobą chodził, to nie telefoniczne żarty ani kabaret kici koci, co, myślałaś, że będzie love love? Skąd ci w ogóle przyszło do głowy, że chcę to z tobą robić, ja mam dziewczynę i co mi na to odpowiesz, no pokaż tą twarz, skąd tak naprawdę ją masz, czy ktoś przyszedł nocą i nakleił ci przemocą, czy nie widzisz co ma miejsce, rozejrzyj się wokół siebie, jesteś tak brzydka, że człowiek nie wie, co się dzieje, dopóki mu kutas nie zmartwieje, obraz mi się chwieje, gdy na ciebie patrzę, wstawaj stąd natychmiast i ubieraj te gacie, słabo mi się robi widząc twego tyłka matnię, widzę ciebie same minusy ujemne, żadne plusy dodatnie, wstawaj stąd natychmiast i spierdalaj cancel, komu dałaś w łapę, kto ci wychodzenie poza budynki zamknięte załatwił? Przykro mi dziewczyno, nie ma o co płakać, to nie moja wina, że urodziłaś się brzydka taka, gdybym był dobry, to bym cię z litości zabił, ale boję się krwi, więc sorry nie mogę cię zabić i tylko cię ze swego na strzeżonym osiedlu mieszkania wypraszam. A teraz wyjdź stąd, tu niedaleko jest zoo, idź ze zwierzętami wołać 'noł noł noł', ja jestem Stanisław, faka faka joł joł, komu dałaś w łapę, kto ci numer taki wyciął?".

A potem na koniec zaśmiał się źle „he he he", i to już koniec tej historii strasznej, ona wybiegła na ulicę nieuważnie i przejechał ją tramwaj i karetka w czarnym worku do nieba ją zabrała, a potem mówili, że krew jej przejście dla pieszych z asfaltu wyżarła, do nieba poszła i jeździła z Jezusem za rękę na ołtarzach, bo została patronką od ludzi pozbawionych twarzy, od braku akceptacji i degradacji marzeń, EC Powiśle i EC Pitz Patrycja, ziemią się żywi dzisiaj i czy jej nie jest ci żal? Szybko powrócił do samopoczucia Retro Stanisław, z trzecioligową poetką się związał i w Rasterze kafe late pijał, gospodarna była i laskę robić lubiła, wszystkie dziury w majtkach mu zaszyła, wszystkich dziur mu użyczyła, a każdy jego wróg ją chciał wydymać, w programie o śmierci dziewczyny na przejściu wystąpił i okrzyk bólu z siebie na temat tragedii mającej miejsce wydał, w Sony płytę potem wydał i tytuł Roweru Błażeja dla najlepszej płyty otrzymał, ty chciałbyś być nim i teraz jest ci żal, dyplom otrzymał i pojechał na festiwal, na Polsacie miał wielki reczital. I to już koniec tej historii okropnej, zobacz: księżyc już zasnął z rękami na kołdrze, psy śpią, matka śpi, widzisz jest ci tak dobrze, wygrywasz kody i wycinasz nagrody, a jutro będzie sobota.

Grudzień, rok czwarty dwa tysiące, miasto Warszawa, państwo Polska, praska architektura końca, („wy tu mieszkacie?!" – zapytał Sławek Sierakowski, wskazując nasze mieszkanie gestem „pomóż ludziom Matko Boska"), tymczasem uwaga psst, ktoś jedzie na rowerze ulicą Jagiellońską, krzywych kółek zgrzyt roweru składanego nieznanej marki Kolbe i może to się wydawać mało interesujące, ale jestem to ja MC Dorota Masłowska, osoba do krytyki skłonna, jakieś skrzynki dziwne wioząca, ale nic, bo nie o personalia tu chodzi, tylko o to, że pod prokuratury budynkiem faceta jakiegoś nagle zmożył sen, ale zbyt było to nagle, aby mogło być z jego strony celowe, alkoholowego upojenia porywa czasem zew, rezygnujesz z pozycji pionowej przyzwyczajeniu do niej wbrew, chodnik na łono chłodne swe wabi cię, wykorzystuje przewagę, silną grawitację, w jednej sekundzie podejmujesz taką decyzję, chociaż nawet o tym nie wiesz, kiedy już za ciebie sama podjęta jest i wnet alkoholiczna czerń zabiera cię w swój odmęt, tak to jest nadmiernie najebać się, nie mów, że nie wiesz, jak to jest, no więc mówiąc krótko facet, ten przewrócił się a na spodniach jego cień z moczu oddanego zasadom kultury wbrew, bo że żeby nie sikać w spodnie to człowiek najmniej inteligentny nawet wie, od takich decyzji pochopnych raczej wszyscy na co dzień powstrzymujemy się, no ale powiedz to tamtemu pod prokuratury budynkiem na ulicy Jagiellońskiej, skoro on już jest dawno cool kid of death, oziębła latorośl śmierci, choć śmierdzi żywym moczem, i słuchać o niuansach zachowania kulturalnego chwilowo nie chce, fałszywe dylematy, czy szczać pod siebie jest uprzejmie czy nieuprzejmie.

I to ci się może wydać mało interesujące, ale jedzie MC Doris rowerem Jagiellońską na rowerze nieznanej marki Kolbe, skrzynki jakieś dziwne wioząc czy jakieś w nich owoce, patrzy a on tak leży na mrozie, zostawiony sam sobie na lodzie w nieprzyjemnym grudniowym chłodzie, dzieci z pobliskiej szkoły imienia Jadwigi wychodzą, śmieją się z faceta, uwagi robiąc niestosowne na temat przez niego oddanego moczu, korzystając z zamknięcia przez niego oczu, i też chce zaangażować się społecznie jakaś przechodząca pani, ale wszyscy czują się oszukani, bo żeby jakaś padaczka, żeby był przynajmniej martwy, ale jest tylko pijany, tak jak każdy, a zresztą jedzie mi tu czołg, jedzie mi tu tramwaj, muszę spadać, baj baj.

I jedzie MC Doris na rowerze składanym Kolbe, w duchu wymienia słowa okropne, których nie przytoczę: penis i pochwa, chciałaby zapomnieć w jakim kraju żyje strasznym o dziwnej nazwie Polska, w którym jakby jeszcze trwała ciągle jakaś spoza numeracji wojna, że przejechać nie można, bo tu to, a tu coś tam, tu ktoś leży, jakieś szkła coś rozbite, jakaś osoba nieprzytomna, moczu zapach i smród, brud, i ekwilibrystyki teraz rób, żeby z tego pijusa powodu nie zrobić na glebę wyłóg, nie powyłamywać sobie nóg o pierwszy grudnia zimny lód, i nie umrzeć tu w chuj z towarzystwem w postaci ten luj. Jedzie MC Doris trawiona przez gorycz: po to się przeprowadzałaś na tę Pragę, żeby składać spojrzeń obojętnych kwiaty na te żałosne ołtarze, patologii ruchome krajobrazy, jak lampa przedstawiająca wodospady, wszędzie tylko parodie ludzkich marzeń, jadę i myślę w pizdu i jak na złość widzi ona pod kamienicą z numerem piątym jak alkoholiczny wiatr zwiewa z ulicy sąsiada jej pana Wojtka, który tasiemca przypomina z wyglądu, na nogach żołądek, odbierają mu pion alkoholu zwodnicze prądy, woła ziemia, porywają grawitacji okrutne szpony, drapieżne niewidzialne targają nim pociągi, chtoniczne bóstwa głodne chwytają go za kostki, mimo że jak brzytwy tonący kurczowo łapie się ulicznych latarni, drogowych znaków i budynków wolnostojących.

Penis, penis, cycki i pochwa, chciałaby sobie ona dać zrobić żaluzje w oczach, bo powieki otwierają jej się ciągle, ciągle humor jej psują dobry te patologii społecznej pod jej własnym domem korowody, mogli by już z tym alkoholizmem ciągłym skończyć, wyburzyć te czworaki, to wszystko, zasadzić jakieś klomby i dać żyć ludziom porządnym, myśli sobie ona: penis i pochwa, ile może dziewczyna delikatna to oglądać, codziennie to samo tv twoja patologia, MC Doris zasłony stanowczym gestem zaciąga, o w mordę tak właśnie robi ona, swoją drogą, myślę, skąd ta namiętność do takich negatywnych kłopotów w Dorocie Masłowskiej, na czarno-białe kolorowanki, w czworakach mieszkanko w dzielnicy złej Praga Ochota, i wtem ona w sercu postanawia nagle sobie: z turpistycznymi fascynacjami, szpetotą i negatywnymi świata aspektami zainteresowaniami koniec, czy świat tylko ciemne ma kolory, ile jeszcze mam dostrzegać egzystencji jedynie pesymistyczne strony? Własnym mięsem karmić psychiczne zmory, ale nie o tym mowa, już moja w tym głowa, bo nie jest to szczególnie interesujące, jak się po chodniku czołga pan Wojtek sfatamorganizowany sklepu pulsującym neonem Świata Alkohole na Jagiellońskiej, codziennie dzieją się do tej historii analogie, codziennie wieczorem przed sklepem niecierpliwy ogonek po upragnione monopole stoi, stoją chlory, każdy po swoją inną, choć jakże podobną opowieść: „napiłem się i przewróciłem, a potem wstałem i poszłem", „pobiłem się i zasnęłem, potem wstałem i napiłem, a potem przyszedł Wojtek", dziwnie zamazane są detale, ale matryca łudząco z innymi zgodna, ile tak się tym interesować można, wypominać Bogu, że ma brudne paznokcie?

Powiedz dziś to MC Doris, cynizmu i pesymizmu ciągłego koniec, czas na uczucia dodatnie i afirmację zastanej rzeczywistości, koniec szorstkich ocen, negatywnej krytyki koniec, bezpodstawnych oskarżeń z użyciem mętnych pojęć, do Afryki sobie pojedź, to zobaczysz, co to znaczy, jak człowiekowi życie może zniszczyć brud i choroby, brutalne na widelce wojny i stosunki analne, tak ci powiem, człowiekowi drugiemu dobre słowo dać, a nie że wciąż tylko kurwa i jej najlepsza koleżanka mać to jedyne co do powiedzenia innym masz, powiedz to MC Doris, banału się boisz, słów dobrych, o co ci dziewczyno chodzi, czy optymistycznie raz spojrzeć aż tak boli, czy optymistycznie raz spojrzeć ci szkodzi?

Ty byś umiała na pewno dużo lepszy świat wymyślić, nikt w to nie wątpi, ale biednemu Bogu tak świetnie nie wyszło. Ty byś to umiała lepiej zrobić, nikt nie wątpi, ale na co ty sprawiasz osobom starszym przykrości, powiedz MC Doris. Zobaczyć raz stronę świata jasną, jest cień, więc musi być też tu gdzieś światło. Zobaczyć raz stronę świata jasną, cień jest tylko światła ciemnego odmianą.

Grudzień, rok czwarty dwa tysiące, miasto Warszawa państwo Polska, zła dzielnica na literę pe, tu ona pracuje w sklepie, ta Katarzyna Lep, o której jest ta opowieść, tu obok na Jagiellońskiej liczy w kasie pieniądze, sprzedaje chleb, co, źle? Jakie widzisz w tym treści pejoratywne, aspekty świata brzydkie, że dziewczyna drugiemu człowiekowi chleb sprzedaje, gdzie na receptę się chleb wydaje, są takie zimne kraje, a ona nikomu nie odmówi, choćby był brzydko i śmierdząco ubrany, dla każdego ten sam chleb kosztujący każdego ceny takie same, choćby chory był i śmierdział, to nikt go od półek nie odpędza z estetycznego względu czy niedemokratycznego punktu widzenia, jeśli ma pieniądze, to nikt tu nie powie mu „dla pana tak ale dla pana nie", nie wyprosi go Katarzyna Lep z piekarni na Jagiellońskiej z ubraniowych pobudek, bo selekcji nie ma w tym lokalu żadnej. Rozpoczął się grudnia dzień, niebo piękny ma „szarość polska" piwniczny odcień, tak psychodelicznie może być tylko w naszej szarej strefie klimatycznej, elo, Warszawa, z deszczem cichy śnieg, sączą się z drzew czarne liście, orzeźwiający mrozu powiew czujesz na skórze swej, a Murzyn teraz dyszy i zalewa czarnym potem się w swej sferze klimatycznej, widząc halucynacje i fatamorganę, co to za życie tak w gorącym ciągle siedzieć, słońce nadmiernie po oczach oświetla cię, za jasno przecież tam dla normalnego człowieka jest, a u nas jak w piwnicy po ciemku siedzisz sobie przyjemnie, siedzę ja, siedzisz ty, siedzi Katarzyna Lep, melodię kolejnego dnia wygrywa na kasie swej, do na prawo jazdy egzaminu pilnie uczy się, mimo że oblała już razy sześć, siódmy zdawać chce, nie zraża jej niepowodzeń matnia i nieudanych porażek sieć, co, źle? Że ma dziewczyna zapał i chęć, polepszy standard polepszy swe życie, w CV będzie miała dodatkowy aspekt i lepszą znajdzie pracę, i co, i źle, nie podoba się? Że nie będzie musiała już tak łazić piechotą wszędzie, od czego odpadają obcasy i podeszwy, rozpuszczają włosów kompozycję kwaśne deszcze, niszczy się człowieka kolor, rolują brwi i odklejają rzęsy, wygląda się potem jak po wstrząsoelektrach i terapiochemii, wygląda się potem jak po prostu niekoniecznie, komu tak łazić ciągle się chce, noga za nogą się jak przez czyściec się wciąż ulicami wlec, biodegradacji dobrowolnej poddawać się i gówno nieraz też się nawinie psie, a potem to czyść, lecz hałas wtem, oto wchodzi pierwszy klient, drzwi jęknięcie i stęk, monet gorących perkusja i brzęk, w dłoni małej zaciśniętej, kto to jest, kto chce tu kupić pieczywo i chleb? To mały chłopiec, co, źle, nie podoba się? Coś nie tak, że postury jest niewielkiej? A ja mówię: pewnie, niedużym jest być lepiej, duży wzrost sprzyja zahaczaniu się ciągle o zwisające gałęzie, o mebli i framug ostre krawędzie, chorobom sprzyja podeszły wiek, nie ma co przyczepiać się, on wykonuje kupowania wielu pącz-ków gest z dżemem, bo również cukiernicze tu można zaspokoić fanaberie, kupuje o wiele za wiele niż może zjeść, o wiele za wiele, skąd pieniędze ma ten Piotruś na takie frikasy z dżemem za groszy dziewięćdziesiąt dziewięć, to jednego oiro ćwierć, w Niemczech można za to jedną zapałkę i odpowiadającą jej ilość draski mieć, a w Polsce można za to przeżyć cały dzień, tak korzystnie cenowo u nas jest, więc nie narzekaj, żyć tu opłaca się, a on choć ubrany jak miniaturka menel, ofiara braku gustu i estetycznego wyczucia pań w opiece społecznej, to na pączki sobie pozwolić może, wczoraj wieczorem zauważył ze swym starszym koleżkiem jak filmowy utwór kręcą na Inżynierskiej, kabli szpule wydały mu się bardzo piękne i ekipy snujące się szepczące cienie, żmije i krety, drabiny i węże, światła i duże cycki aktorek pięknych, wbiegł do wozu, chwycił jakiś kawałek materii i w krzaki z tym popędził, tam z koleżką się swą satysfakcją podzielił, a tamten nawet jej nie przymierzył, tylko go po łbie kar-tonem po winie „Cherry" zdzielił, co zrobiłeś inteligencji pozbawiony skurwie-lu, jedziesz na paradę homoseksualnych cwelów? Nie ze mną te numery, więc Piotruś z powrotem do wozu dyr dyr dyr ze skradzioną szmatą pospieszył, tam pani siedziała bardzo piękna, i choć miał osiem lat dopiero i siusiaczka jak kredka małego do sikania ledwo zdatnego, to pomyślał jak korzystnie byłoby taką zerżnąć, a potem opowiedzieć wszystko kolegom, jak to jej włożył i że jej pierwszy raz to był, i jak to zrobił, co włożył i do czego, ale nic z tego, bo piękna pani płakała i to przez niego, bo to była sukienka za pięć tysięcy oryginalna od

Armaniego, no może tańsza nieco, ale w każdym razie była to kiecka droga, poza tym pożyczona, zniszczona trochę, ale również droga była zupa którą była poplamiona, pani nie mogła się uspokoić i przestać tak szlochać, nikt tu pocieszyć jej nie może, ani producent, ani smaczny katering, ani sympatyczny oświetleniowiec, łzy jej kapią na podłogę i zamieniają się w owady biegające różowe, i uciekają, ale za ten realizm magiczny sorry, że takie rzeczy nie dzieją się wiadomo, wracamy do pełnej rzeczywistości w całej ponurej okazałości: „Te kiecke to była swoja?" – pyta chłopiec – „bo odkupić można", i podaje cenę dwa tysiące, targują się trochę, wreszcie staje na dziesięć pe el en polskich złotych, cała jest, że tak powiem, owca a i wilk ma na trzy browce i cztery pączki, konsumpcji gorączka ogarnąć ich jednak nie zdąża, bo już się kręcą suki jak niebieskie bączki i nici z wydania uzyskanej w uczciwej transakcji kasiorki, ale mija noc, mija ranek i już Piotruś biegnie po z dżemem pączki, taka jest tajemnica tej siły nabywczej w jego małej rączce. I co, i źle? Właśnie dobrze, rzeczywistości dodatnie aspekty i strony dostrzeż: lubi słodycze mały chłopiec i próchnica to jedno owszem, ale trzeba czasem dziecku na przyjemność ulubioną pozwolić, co cię szczęście dziecka boli, MC Doris? Bo próchnica to jedno, ale nie odmówisz mu parę kalorii, czy słodkie nie lubiłaś w dzieciństwie sobie przypomnij, bo co, bo są rzeczywistości pozytywne strony, i ty masz i ja też mam tę świadomość, że spożywanie jedzenia to podstawa życia i zdrowia, kamień sam do kieszeni się chowa, a oto Piotruś już dawno poszedł i niech mu Bóg posypie solą życia samoskręcającą drogę, i żeby tylko mył zęby a na pewno będą one zdrowe. Miasto Warszawa, państwo Polska, rok czwarty dwa tysiące, penis i pochwa? Nikt w to nie wątpi, ale dziś dobrą świata stronę zobacz, do afirmacji daj się skłonić, cynizmu koniec, negatywnie krytykować każdy może, wytykać architektoniczną niedbałość, niefortunną przeszłość i na ulicy niepo-

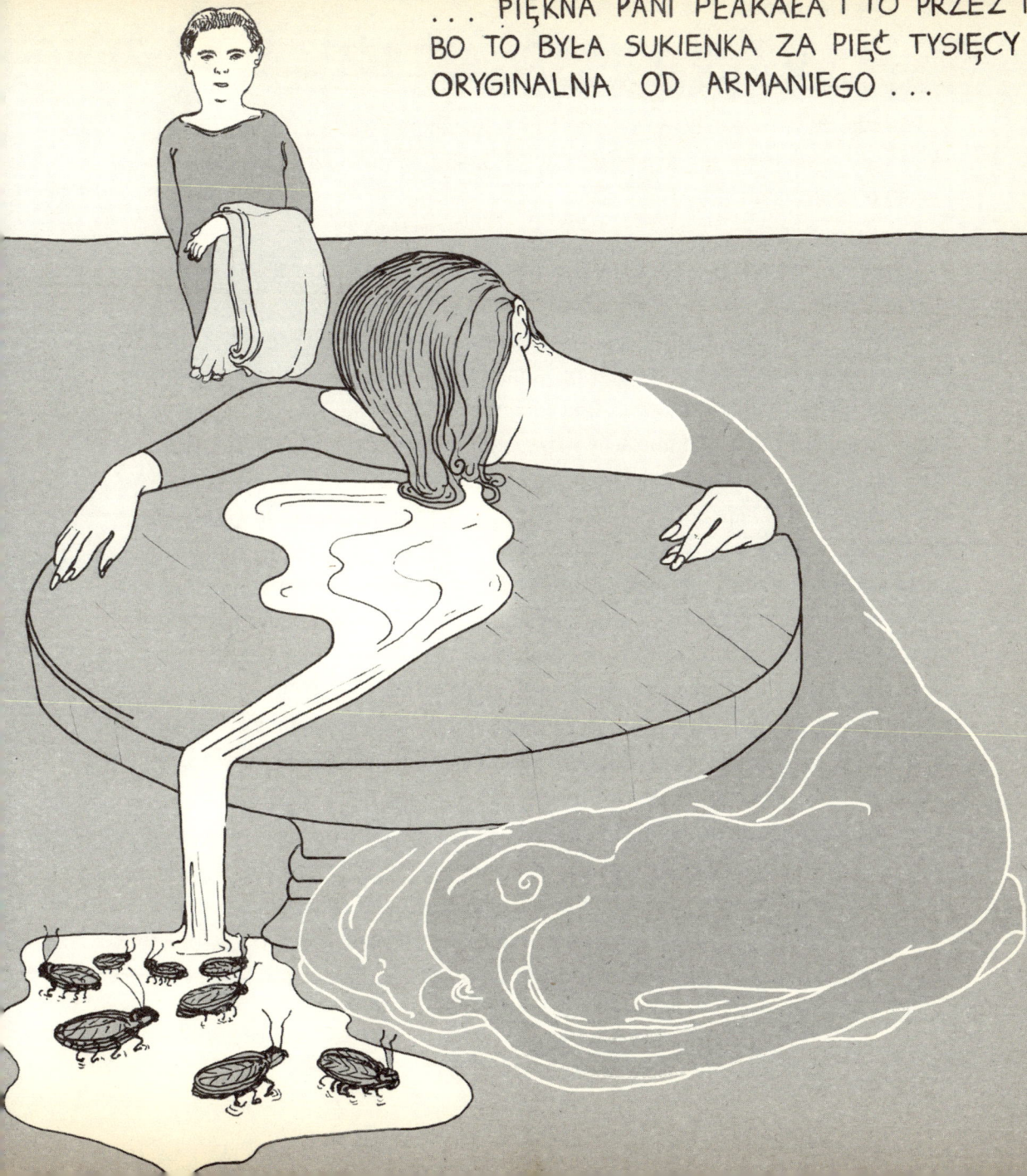

... PIĘKNA PANI PŁAKAŁA I TO PRZEZ NIEGO,
BO TO BYŁA SUKIENKA ZA PIĘĆ TYSIĘCY
ORYGINALNA OD ARMANIEGO ...

rządek, to temat na kolejną akcję dla „Gazety Wyborczej", „państwo z klasą"
z geograficznym położeniem niekorzystnym zacznijmy wreszcie walczyć Polski, ciągle tylko te akcje, ta defektów wyliczanka ciągła, a co z afirmacją, co
z dostrzeganiem dobra?

Grudzień, rok czwarty dwa tysiące, państwo polskie, piekarnia na Jagiellońskiej, spokój już wydaje się tego ranka wartością stabilną konstans, tymczasem drobny dysonans przerywa Lep Katarzyny rozwiązywania testów trans,
trach – to drzwi trzaśnięcia popularna onomatopeja, do piekarni wejścia kogoś
znak, już ktoś do chleba kupowania się zabiera, lecz oto ćwiczenie na umysłowy
zwieracz, nie jest to żaden miejscowy fizycznie nieatrakcyjny degenerat, tylko
kto? Ktoś łudząco podobny do wokalisty Stanisława Retra, podobieństwem
powodując perturbacje w krwiobiegu Kasi Lep, a zresztą zaraz się przekona
ona, że to nie żaden fatamorgan, tylko wręcz on sam, nie może to być złudzenie
fotomontaż, bo to ten wokalista sam, o którym już chyba opowiadałam wam,
programów gwiazda i artysta życia, zresztą nie wiem, ale ktoś mi mówił, że to
mason i zły homoseksualista, i że mieli go wszyscy z Muzycznej Jedynki listy
łącznie z kolegą ze szkoły prezentera syna, skąd ja to wiem? Może od Dunina,
a tymczasem serce forsuje przełyk w dziewczynie pod tytułem Katarzyna,
fatyguje się do gardła i przez usta się wychyla, jak ludzie z okien w Papieża
przyjazd, może powiesz: jakie to negatywne, do czego dziewczyno pijesz, co
złego jest w fakcie, że osoba która na co dzień Grażyny Torbickiej życiem żyć
musi – więc żyje, chce pojechać na Ojca Świętego, by choć raz zobaczyć sobie
na żywo kogoś naprawdę znanego. Daj już spokój, pozytywne strony dostrzeż
wreszcie, Katarzyna nie może uwierzyć jeszcze, że tym samym powietrzem co
Retro oddycha, a on myśli o niej: co za wspaniała z ludu prostego dziewczyna,

ach położyć ją na kanapie na z Cepelii kapie w kurpiowskie pasy i kaszubskie kwiaty i patrzeć jak po prostu jest i jej nie dymać, łzy mu się kręcą na ten szczery ludowy jej oczu wyraz, na paznokcie jej patrzy długości pół właściwego palca rękodzieła ludowe z akrylu, a każdy przedstawia wizerunek łowickich wzorów i misternych motyłów, a na każdy pracowała tydzień. O tym, że w łóżku zostawił swą nową dziewczynę zapomina, zresztą pokłócił się z nią, kto po coś na śniadanie iść ma, on sugerował że ona, ale ona upierała się, że dlaczego, skoro nie jest wcale głodna, a on na to, że może owszem, ale iść powinna, bo on daje pieniądze. No i wreszcie po krótkiej i zimnej wojnie, podczas której wszystko powiedział, co myśli naprawdę o tej leniwej i głupiej osobie, do piekarni sam poszedł z mocnym postanowieniem, że kupi chleba tylko sobie, że kupi tylko takie jakie on lubi pieczywo i taką jego ilość, żeby wyłącznie dla niego starczyło, żeby się nauczyła, co oznacza słowo miłość i jak na rzeczywistości język tłumaczyć je właściwie.

Elo, Katarzyna Lep u źródeł swych pochodziła z Białej–Bielska, do Warszawy przyjechała karierę robić jako modelka, ewentualnie handlowa przedstawicielka i hostessa, nie było szkoły z klasą w Białej–Bielsku, więc ona strasznie się bała, że Stanisław Retro zacznie do niej teraz mówić po angielsku, o jejku, o Jezusie, nie wiadomo skąd ogarnęło ją to nagłe poczucie, że tylko po angielsku rozmawiają sławni z telewizji ludzie, a poza tym w telewizji śpiewał właśnie po angielsku, fix kurcze, widzi jak Retro na nią patrzy widzi, że podoba mu się, jest między nimi niewątpliwy ciał magnetyzm, jest między nimi jakieś uczucie, i choć bez słów też można się świetnie porozumieć a dowód na to, że jej koleżanka miała kiedyś z Murzynem seksualny stosunek, to jednak na początku dobrze jest parę angielskich słów umieć, a najlepiej jest je znać, „how do you do?" „how do you do so much", tak sobie w myślach kombinuje, aż postanawia wreszcie, że powie zwyczajnie: „I do you", a resztę po prostu zaimprowizuje, tak sobie myśli kasjerka Katarzyna Lep, a wokalista Stanisław wybiera w skupieniu chleb, bo to musi być taka odmiana pieczywa, co zrobi mu dobrze a jego dziewczynie głupiej na pohybel, ktoś może powiedzieć, że to negatywnie i źle, że postępuje on egoistycznie i samolubnie, a ja mówię, że to ma dobre strony swe, bo nie ma, że jeden jest jak to kiedyś było chleb, i choćbyś miał ochotę na inny, to jest to wyłącznie nierealny twój erotyczny sen, bo tylko jeden istnieje w jednym państwie chleb. Są ludzie, co o to zadbali, że żyjemy teraz w wolnym kraju, i przejawia się to między innymi w tym, że mamy pieczywa dziesiątki rodzajów i jak masz takie potrzeby, żeby to było takie pieczywo, żeby twojej dziewczynie akurat nie smakowało i w dodatku było go dla was obojga za mało, to dobrze wiesz, żeby nie kupować jakiś duży i świeży chleb. Z cebulą ciabatę weź, stara jest, sucha i psuje oddech, na pewno do ust nie weźmie nawet, takie są aspekty pozytywne w dobie gospodarki wolnorynkowej. Hej, zastanów chwilę się, ciągle mówisz: to jest pejoratywnie, a to jest źle, skąd te pokłady mądrości transcendentnej w osobie twej, że wszystko tak zaraz oceniać chcesz w apodyktycznym systemie: dobrze albo źle, bez uwagi na rzeczy aspekty i odcienie. Dla ciebie wszystko jest o tak, ciągle myślisz w infantylnych kategoriach, albo coś jest „be", albo coś jest „mama daj", a produktów są tysiące a jeden od drugiego albo jest lepszy, albo gorszy, a każdy jest na pewien sposób dobry, zależy, co chcesz mieć. Generalnie droższe lepsze jest, ale tańsze jest tańsze, więc lepsze też.

Wracając jednak do rzeczy samych w sobie, co będzie z tymi dwojgiem, oplątanych konwenansu i wstydu fałszywego powojem, on się patrząc na tą

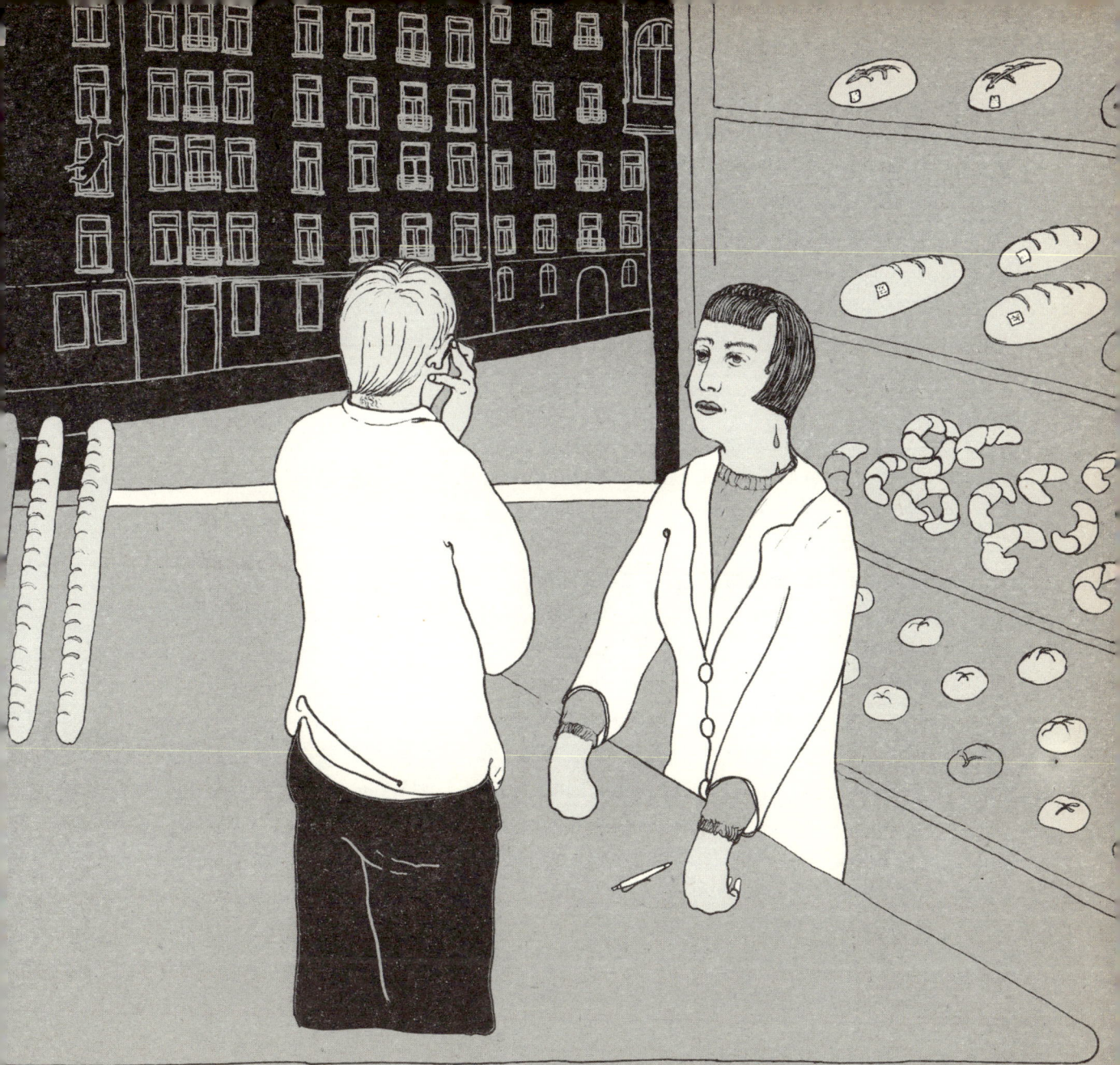

... POKUS NAGŁYCH TŁOK, ŻEBY NIE KUPOWAŁ PIECZYWA STAREGO CHCE
OSTRZEC GO...

z ludu prostego dziewoję, wstydzi się cokolwiek powiedzieć do niej, przegrał życia marzenia utajone głęboko o kobiecie prostej, o życiu czystym od fałszu, od klak, bez na baterie wylansowanych z branży idiotek, o życia prostego dwudźwiękowej Atari melodii, wśród wycinanek łowickich, dźwięku lecącej wody, wśród dźwięku tarcia tanią szminką o grube wargi, cebuli smażonej zapachu, bez zaawansowanych technik seksualnych, seks wyłącznie w ubraniu i wyłącznie waginalny, daleko, daleko stąd od tych przemądrzałych klik pseudointelektualnych.

Gdy on myśli wszystko to, w Katarzyny głowie rzęzi stłuczone szkło, myślowych operacji pospiesznych swąd, pokus nagłych tłok, żeby nie kupował pieczywa starego chce ostrzec go, powiedzieć ale co, „this old" czy po prostu „this is not", na ekranie płonącym ciągle nowego wyskakuje jej coś, szaleją procesory, świeci się lampka CAPS LOCK, zawsze kochała go i w ogóle rock, choć generalnie woli polski hip hop, zespołów różnych natłok, ale teraz wie najlepsze jest co, angielskiego nauczy się, niech da jej rok, jej dotychczasowe życie to był żenujący błąd, ma chłopaka ale jakiego? Szybko, szybko, szybko. Jak szafę pełną lumpów zużytych przegląda swe przed przyjściem jego do piekarni życie, od zbyt silnego wciskania psuje się jej BACKSPACE przycisk, więc używa teraz na masową skalę opcji WYTNIJ, wytnij wytnij wytnij cut, ma? Miała chłopaka, ale on nic do powiedzenia nie ma, od dwóch lat w Biedronce jest strażnikiem i jego pozycja w życiu jest żadna, trzy kilometry ganiać sprintem za dzieciakami, by prince polo im zabrać, co ukradły i tak do nocy od rana, a nocą ze zmęczenia się słaniać, przed współżyciem telewizją zaciekawieniem się zasłaniać, a ona czułości by chciała, wciąż marzy o seksualnych cosmograch i cosmozabawach, cosmotricki i cosmosztuczki różne chętnie by z nim miała, ciekawe z kim, skoro on siedem wypił piw i śpi od dawna, penis i pochwa, co za chała.

I w nieśmiałych wzajemnych spojrzeń dziwnej matni Retro chce doprowadzić do zakupu przez siebie tej starej ciabatki, i czuje się taki smutny, stary i słaby, chyba za dużo ma pracy, chyba jest przepracowany, i gdy tak memła tę myśl nagle słyszy tej sprzedawczyni słaby pisk, która jakby chrobocząc tipsem o tips szepcze: „This not. Is old this", co to za kiks, pochwa i złamany penis! Fakt, może zmęczony jest Stachu, może przepracowany, presja, koncerty, autografy jakieś dragi i rezultat oto taki mamy halucynacji ataki, schizofrenii ciężkie omamy. Pochwa i penis złamany, dziwnie się czuł ostatnio, trochę za dużo grał w tą grę *Zatoka Piratów,* potem rzeczywiście jakieś nocą głosy słyszał, „czy na twojej wyspie są uczciwe ladacznice?" – ktoś go wciąż w duszy pytał, miał też jakieś dziwne myśli o mężczyznach, w internecie o swej muzyce opinie często czytał, że jest homoseksualistą, aż zaczął sam siebie pytać, czy coś na rzeczy nie było, niby kobietę miał i dymał, ale co się za tym kryło? Zabicie psa drugie, drugie złamanie penisa, ale dotychczas tylko zdawało mu się to wszystko, tymczasem teraz naprawdę to słyszał jak mówiła ta kasjerka „this old". No to teraz zwariował! Nigdy nie umiał po angielsku, zawsze na pamięć fonetycznie się uczył swoich tekstów, tymczasem teraz przychodzi, proszę ja ciebie, do sklepu, a pochwa penis po angielsku panienka strzela nawijkę do niego per „stary" a on to nagle rozumie, chociaż też ona nie wygląda, żeby angielski umieć i słuchaczowi może się zdawać, że to trwa wszystko jakoś długo, a tak naprawdę nie więcej niż jedną minutę, kiedy on myśli: koniec, teraz ja tam pójdę, bo kogo proszę ja ciebie to jest wina to już pochwa penis nie mam złudzeń, bo ja Stanisław Retro haruję a ta po chleb nawet pójść nie, bo ty Stachu haruj, a ona sobie wypełni krzyżówkę, przeliczy włosy we fryzurze i tłuszcz pohoduje, i co? I teraz co, a jak, a pewnie, na jego nazwisko ona szybki kredyt weźmie, i dyla da z jego perkusistą do Bullerbyn, a on na Nowowiejskiej białe szaleństwo i zimowe ferie, jeśli im się to uda, to penis, tego jest pewny, zaraz tam wraca i mówi jej bez ściemy: „wyłaź głupia pochwo cycki głupie przez ciebie dostałem w sklepie schizrofremii".

A ona na to powie: „tak? A może a co jeszcze? Skąd wiesz, że niby, aby jest to jakoby przeze mnie?" Czyja to wina będą się kłócić do wieczora, a nocą będą kłócić się wciąż jeszcze, tymczasem to już się do czytelnika nie należy dalszy przebieg tych dziwnych emocjonalnych epilepsji, bo oto on Stanisław załatwiwszy z pieniędzmi wychodzi na zewnątrz pospiesznie, ona śledzi go jeszcze wzrokiem tęsknym, czy zbyt nowojorski był akcent, czy w ogóle to może nie był to co powiedziała angielski, do końca dnia już tą myślą będzie się dręczyć, dlaczego postąpiła tak nieelokwentnie i na drzwi patrzyć tęsknie, bo on gdzieś tam jest, nie? Pochwa penis, dlaczego w złoto nie chciały zamienić się smerfy? Ty od razu chcesz oceniać to pejoratywnie, co masz przeciw Staszkowi, że było duszno i sobie na świeże powietrze wyszedł? O rzeczywistości mówimy dziś blaskach a nie cieniach, odpowiedz sobie, czy chciałabyś tak ciągle przebywać w zamkniętych pomieszczeniach zamiast sobie wyjść na świeże i pooddychać, ponieważ zdrowe jest powietrze, może banalna prawda wybacz, ale oddech pozytywnie wpływa na całe człowieka życie, ponieważ generalnie dobrze jest oddychać. A jak ci się tak oddychania koncepcja nie podoba, to wypchaj sobie szmatami przewód nosu, i tak chodź, i wtedy zobacz, jak bez powietrza życie beznadziejnie wygląda, jest ci smutno i w ogóle źle i łapiesz doła. No tak więc przechodzimy do kwestii życia fundamentalnej, oto powietrza i oddychania afirmacja i aprobata, wiele jest korzyści realnych z oddychania, penis i pochwa, żebyś mi tu nie zarzucała, żebyś ciągle do depresji innych nie nakłaniała, pochwo, co stosunek seksualny odbywała.

Bo ty byś na pewno dużo lepszy świat umiała wymyślić, nikt w to nie wątpi, ale biednemu Bogu tak świetnie nie wyszło. Ty byś to lepiej urządzić mogła, nikt nie wątpi, ale czemu sprawiasz osobie od siebie starszej przykrości, powiedz nam MC Doris, on naprawdę nie chciał tego tak głupio stworzyć. Zobaczyć raz stronę świata jasną, jest cień, więc musi też tu gdzieś się palić światło. Zobaczyć raz stronę świata jasną, cień jest tylko światła ciemnego odmianą.

Tak płynie grudnia dzień na Jagiellońskiej, tęcza ze spalin i słońca, architektura końca, miasto stołeczne Warszawa, państwo, że tak powiem, Polska, „wy tu mieszkacie?!" – jak to określił Sławek Sierakowski, penis, cycki, pochwa. Nie może to być, że czas mija a sprzedane ma Katarzyna tylko ciabatkę starą i cztery pączki, klienci wciąż walą do drzwi a każdy klient to film obyczajowy osobny, lecz wszystko dziś jakoś tak Katarzynie szkodzi, jakoś tak ją mierzi, może to przez to, co przeszło obok nosa szczęście, raz po raz częściej coraz widziała ciągle ten hipnotyczny wyraz w jego pięknych oczach, nie musiał od razu jej znowuż kochać, ale wie pochwa dokąd tak naraz był polazł. Boże Bożuniu mój a jak on wyglądał! Taka a taka kurtka, takie a takie spodnie buty jednakoż na pewno jak cycki i mała pochwa drogie, a ona by wiedziała jak do tego podpasować, bo dżinsy ten czerwony krótki golfik i reklamówkę siatkę by taką znalazła do noszenia czerwoną pod kolor, i na to kaszkiet, lecz jedno wie prącie co jakie wiatry przyniosły tu teraz tą babę do piekarni, co mieszka na Targowej i co dzień przychodzi, ma pięć włosów na głowie, jeden z przodu i po dwa po każdej stronie, gada całe dnie z telewizorem, a jak ten jej za długo nie odpowiada, to do Kasi do piekarni przychodzi, o tak pooglądać, okruchów powyjadać z lady, pogadać, najczęściej o tym pod jakim kątem śnieg nocą padał i co przez judasz widziała, a niech se pogada baba, Lep Katarzynie to zwykle nie przeszkadza, a wręcz na sklepu zamknięcie karencję ułatwia i stagnację wydarzeń zwykłą skraca, ale dziś ją to trochę z równowagi wyprowadza, każdego szmeru w tomach pięciu historie, wielkie etymologie każdego na klatce hałasu, a tak, a tak było, a co może, a może było nie? „Nocą stuk usłyszała, więc była wstała i stanęła szybko przy balkonie, tak że ona co było była widziała, a jej widział nikt nie, i ło Boże co tam się działo, szedł jakiś i kopał puszke! Ło w Betlejem Jezusie! Tedy ona z powrotem siem połużyła, biowitul cały wypiła i nerwokardiol, i mimo to wciąż się żyła i wszystko słyszała, co się dalej działo, o trzeciej piętnaście jakieś państwo skodom takom jakby jechało, ale zanim ona do ukna zdążyła była dobiegła, to ta skoda już dawno była przemkła jak wściekła, więc połużyła się una na powrót, ale wtedy poczuła taki dziwny taki jakby jakiś smród, winc zaczęła szukać co ino tak czuć czymś jakim takim, a to kawałeczk taki malutczi gulaszu był gnił w szparze tej, co una ma kanapy.

Nu tak było i do rana już spania nie było, grejpfruti dziś se w sklepie tu na winklu kupiła, ale tu trzeba uważać bo we 'Faktach' dziś czitała, że uni teraz dziurki w grejfrutach tymi nalepkami Jaffa zalepiajom. A jej córka co mieszka zwykłom jest kurwą za darmo, ale syn porzundny człowiek jakimś ochroniarzem czy na Gocławiu barmanem, a jeszcze dwoje miała była poroniła i siedem zrobiła miała skrobanek, bo jej ten taki był, że jak miał wypite to nie miał uważane, i tak to było, a one teraz nie żyjom, ale wszystkie je ma siedem aniołków

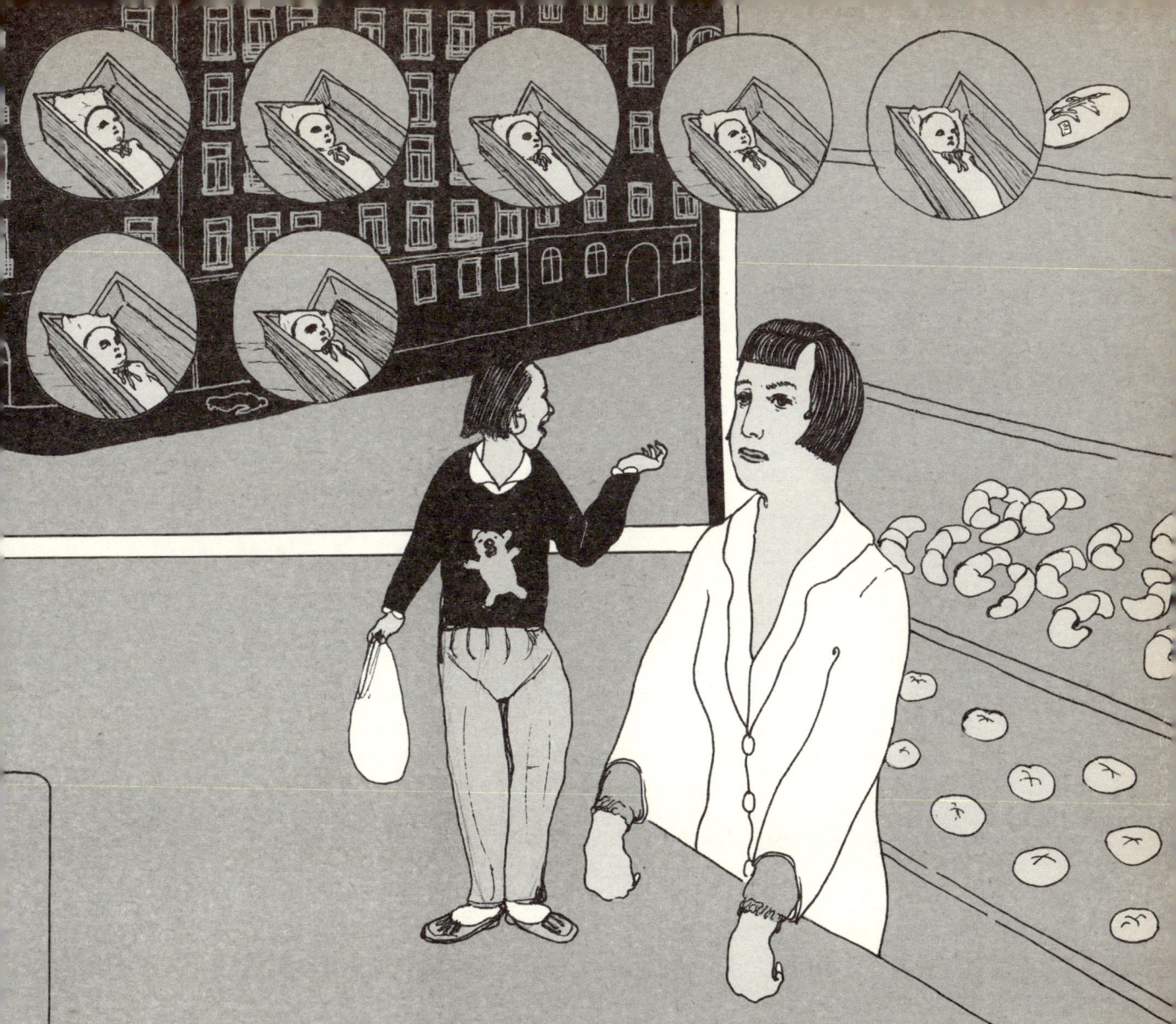

...A ONE TERAZ NIE ŻYJOM, ALE WSZYSTKIE JE MA SIEDEM ANIOŁKÓW PONAZWANE, A KAŻDE JEDNO I WSZYSTKIE SIEDEM PO KOLEI...

ponazwane, a każde jedno i wszystkie siedem po kolei z imienia zna na pamieć razem z usunięcia datami".

„A to już nie miał był zaczął się początek *Klanu*?"– pyta Katarzyna cwanie, patrząc, że niby to na zegarek, „Ło Jezu a ja nie mam oglądane"– krzyczy baba, drzwi trzask, i już nie ma baby.

Teraz ma Katarzyna czas pokontemplować i przemyśleć, o tym szczęściu życiowym sukcesie, który przeszedł był niej mimochodem jednakoż tak cudownie blisko, na pewno znasz to poczucie szczęście takie nagłe metafizyczne, że wszyscy żyjemy tutaj szalenie symultanicznie, w znaczeniu kiedy ona tam Katarzyna, to MC Doris na rowerze Kolbe jedzie Jagiellońską ulicą, wiezie jakieś dziwne kartony czy skrzynki, Eskimos zbiera śnieg, łowi rybę, a jeszcze Spears Britney w Ameryce w posiadłości swej grabi i pali jesienne liście, żeby zdążyć przed zimą, ktoś płacze, ktoś wzdycha, ktoś w grejfrucie dziurkę wycina, a oprócz jest jeszcze pewna liczba ludzi na świecie milion czy miliard, w razie każdym duża taka jakaś liczba, i jeszcze Murzyni są, i każdy z nich istnieje symultanicznie, a wśród nich gdzieś jest Retro Stanisław. Tak, poczuła nagle takie uczucie rozsadzające twarz i szyję, i inne przewody taką dumę, że na tym samym świecie z nim żyje, że może owszem nie jest jego dziewczyną, ale co jak co, jak robi kupę albo siku, to to tą samą rzeką Wisłą, co jego płynie, i że to jej egzystencji nadaje taki co by nie było niezwykły posmak i na skalę szeroką wymiar!

Nieważne, bo już późno, roku dwa tysiące czwartego miesiąc grudzień, chociaż, ile można to podkreślać i pamięci czytelnika miłego bróździć, ty już myślisz, że już nic się tu nie wydarzy – prawda gówno, bo rzeczywiście przyznaję może to nudne co Lep Katarzyna o istocie wszechrzeczy myśli i symultaniczności życia ludzkiego cudzie, och jakże symultaniczne jest to życie ludzkie! W ogóle, dzień zleciał niż zwykle krócej, trochę sprzedaży, trochę kontemplacji, trochę mieszanych uczuć, i czytelnik może tego jeszcze nie czuje, ale wieczór jest już, bo zimą dzień jest krótki i zresztą słusznie, lecz wtem nagle, ludzie!

Ludzie! oż ty, penis pochwa, kurde! Przez brudne świateł ulicznych rzężenie, fabryk ryk, szklany latarni syk, różne bełkoty codzienne przebija się nagle na powierzchnię policyjnej wycie apokaliptyczne syreny, Boże Bożuniu, co to się teraz dzieje? Co to się dzieje, a co się działo będzie, Katarzyna Lep ku szybie wystawowej sklepu biegnie, integralność jej na miejscu pierwszym mając na względzie, bo w razie gdyby chodziło o jakąś rebelię i wulgarną z tłuczeniem szyb zadymę, to ona uratuje chociaż witrynę, ponieważ będzie mocno ją trzymać, tak heroiczne są jej postępowania pobudki i przyczyny, ale co to, migają niebezpieczne światła owszem i syrena jakaś tu wyje, lecz zamiast samochodu pędzącego na łeb na szyję, widzi Katarzyna, z charyzmą pomrowu pełznącego poloneza, ona biegnie tutaj, owszem, ale o co tutaj biega? Ona tego nie wie, ale ja to wiem i powiem, takie są narratora prerogatywy opowieści o konwencji szkatułkowej, że on jako nieliczny zna tu różnych rzeczy powody, między innymi tak niewielkiego przemieszczenia tego samochodu, co wyruszył z komisariatu zaledwie parę ulic obok przed około godziną, lecz wolniej jedzie niż gdyby się zatrzymał, a może nawet wolniej niż gdyby się cofał, z taką jedzie on prędkością tajemniczo niezawrotną, choć na sygnale jedzie, więc dlaczego się tak wlecze, jakieś dziwne sekrety odbierają mu zwrotność i szybkościowe zalety. Otóż około godziny wcześniej, był na komisariat telefon ze strony jakiejś kobiety, widać że na policję dzwoniła z brakiem innych możliwości wywołanego przymusu, bo najchętniej zadzwoniłaby od razu po Boga i Jezusa Chrystusa, żeby przyszli i coś zrobili, bo sprawa była taka, pobiły się na ulicy Brzeskiej pijaki, bo że czują się lepsi, wyszło na to, zwolennicy „Cherry" nalewki od zwolenników denaturatu, a nie może tak być, że ktoś się wozi bezpodstawnie, a poza tym degustibusnonestdisputandum jak mawiał Platon, są tacy, co sprawili że żyjemy w wolnym państwie, każdy może wybrać swój styl życia własny, więc po co te nieprzyjemne kaźnie, gdzie jedni mówią „nasze jest lepsze", drudzy „nasze jest tańsze", a jeszcze inni argument mają „nasze jest nasze" przyznaj niezaprzeczalny – o bycie sobą polała się krew na Brzeskiej właśnie i właśnie trzecia osoba w tej bratobójczej walce utraciła swej osoby integralność, gdy zadzwoniła na komisariat pewna pani, której walczyli tam mąż, szwagier i syn w obronie denaturatu, a jej dwaj bracia w „Cherry" nalewki obronie, i gdyby chociaż walczyli byli oni po jednej stronie, to może nie miałaby na policję dzwonione, bo w liczbie członków rodziny musi być trochę ekonomii, jeden w tę czy w tamtą stronę nic nie robi, szczególnie że była w ciąży, ale dlaczego w przeciwnych drużynach przeciwko sobie stoją, że to skurwysyński brak więzi w rodzinie, co by nie było wierzącej, uważała ona, więc na policję poszła zatelefonować halo halo, bo mąż szwagier i syn wyraźnie przegrywali, tam powiedzieli że przyjadą, ale jakoś tak było zleciało i jak gdyby wciąż nic w temacie nie było przyjechało, czy to nie dziwne, halo? „Halo! Co z radiowozem godzinę temu wysłanym się stało? Halo?"

On jedzie, może trochę ospale, ale jedzie przez Pragę od godziny dobrej na sygnale, z malowniczym rozmachem okrąża place i uliczki penetruje małe, dlaczego? Z powodu do czystości aspiracji, które ma aspirant Korzeń Karol, kawaler. „O penis cycki pochwa, mamy dziś niefarta" – mówi Korzeń Karol do Grocińskiego Adama, swego współaspiranta – „na Brzeskiej jatka, po co

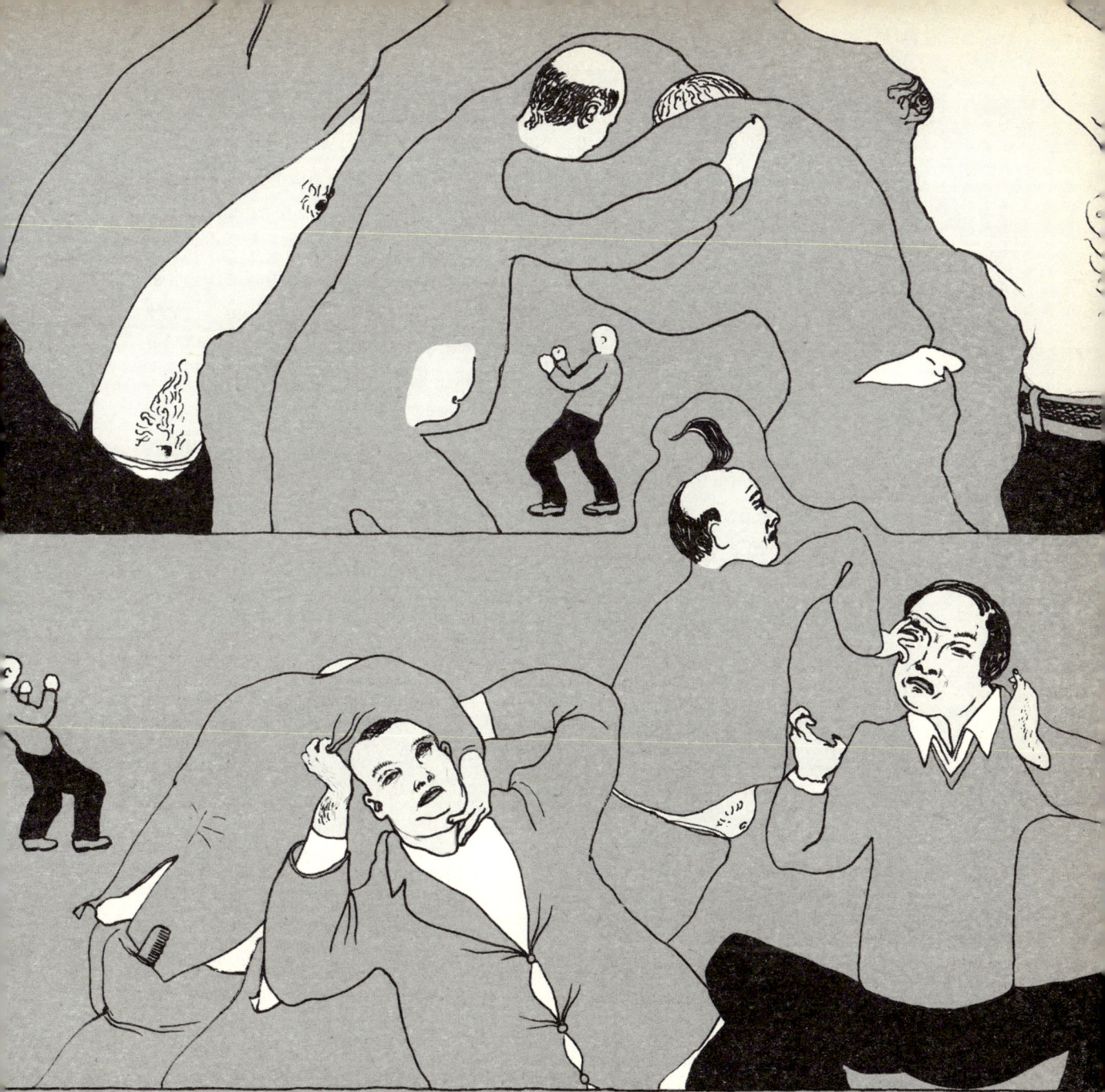

... ZADZWONIŁA NA KOMISARIAT PEWNA PANI, KTÓREJ WALCZYLI TAM MĄŻ, SZWAGIER I SYN W OBRONIE DENATURATU...

tak od razu zaraz, nie to, że tego, lecz szczerze to trochę żal mi ubrania, dopiero co dopiero miało było prane, no powiedz sam, co za pochwa Adam?" I tak jadą tym autem tym na sygnale i odpowiada mu Adam, również kawaler: „jasne świetnie rozumiem cię stary, poczekamy aż się wykrwawią i jak już będą mieli to wszystko w penis pozaskrzepiane, to tam w kulturze wjeżdżamy i bez jest żadnych plamień". „Bo duży penis pochwa ubierz się człowieku ładnie a zaraz plamy". „No właśnie, no to ja tak więcej powoli w tym temacie pojadę". „A z tego odblasku zwłaszcza, bo to jest jakiś takiś kresz czy jakiś ortalion, i on jest może wodoodporny ale ze krwi niespieralny, i mówią vanisz, ale ja cycki pochwa mówię co za stosunek seksualny odbywający vanisz". „No właśnie". „A to jest takiś chlór do prania czy taki chyba odbarwiacz". „Taki chloran to jest czy jakby mówią taki". „Ale wiesz, ja czasem jak się tak zastanawiam, że oni trochę walą w jasny penis w tych reklamach, no niby taki wafel tam jest jako coś takie smaczne to poprzed pochwa stawiane, a rozbierasz papier a to zwykły jest taki wafel z nalotem białym, no to ja mówię: coś nie tu tego niestety jest w tej rzeczywistości stary." „Penis duży jest taki w reklamie, a ja patrzę, a jak rozbierzesz papier, to on takiś jakiś mniejszy niż tamten, co było pokazywany". „Jak nie powiem czyj", „W penis ludzi nieźle oni jednak walą". „Chyba nie ma już w świecie obiektywnej prawdy, a wiesz bo czemu? Bo ludzie kłamią". „Ale ja mam od małego za tymi słodyczami". „No ale syrenę tę to się przykręcić trochę, bo głośno w penis i nie słychać co chcą w radio", („jedziecie już tam chłopcy?", „a pochwa niby co?"). I tak coraz wolniej jadą, i coraz więcej skręcają, i chociaż nikt już z bijących się na Brzeskiej nie jest w stojącym stanie, to ale jaja, skłoń kogoś do dobrowolnego zasyfienia sobie własnego ubrania, nie znajdziesz takiego frajera, to ci z góry podpowiadam. „Bo wiesz, ja to nie lubię jednak zła"– mówi Grociński Adam – „nie lubię zła,

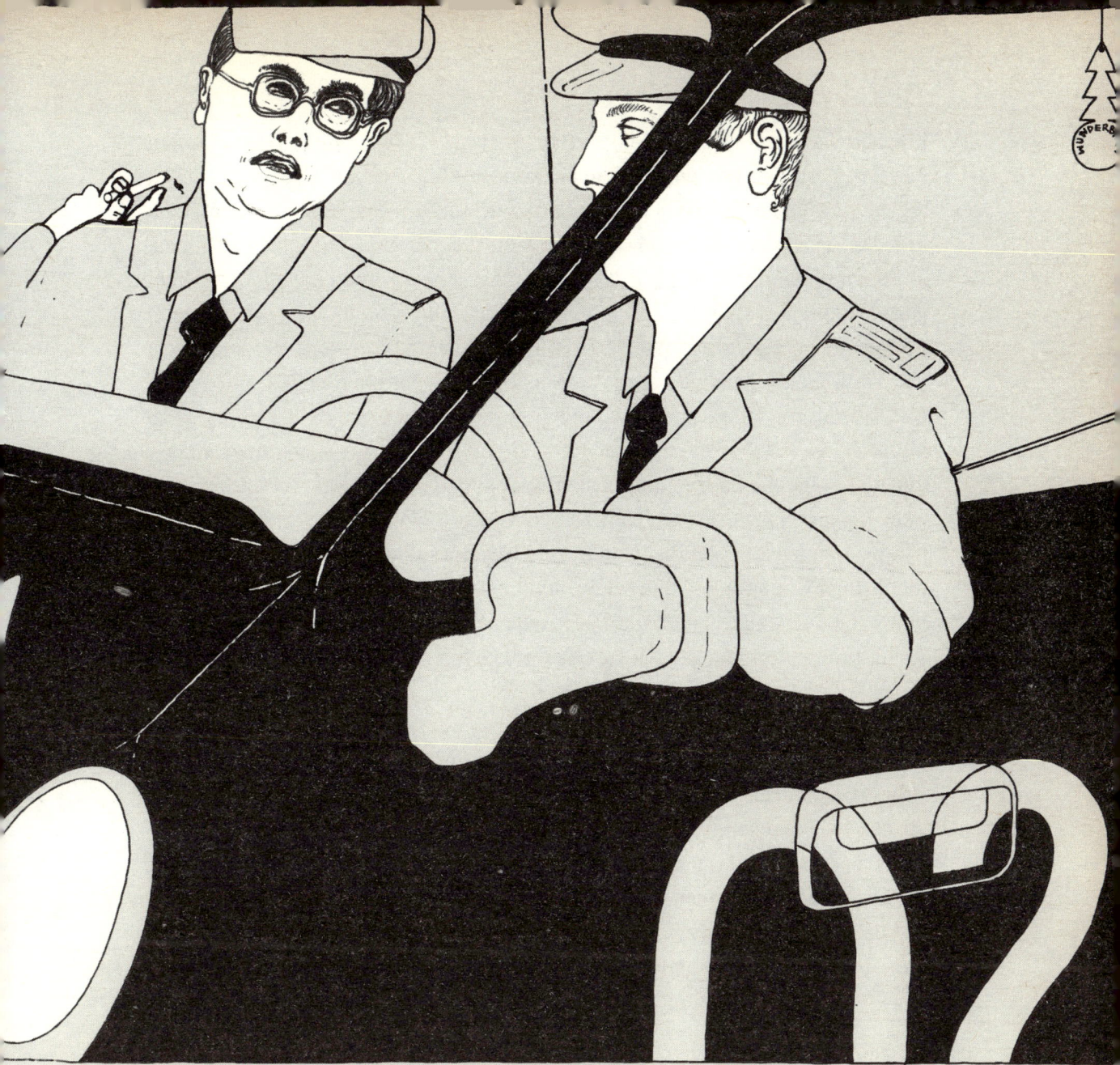

... I TAK JADĄ TYM AUTEM TYM NA SYGNALE I ODPOWIADA MU ADAM, RÓWNIEŻ
KAWALER: JASNE ŚWIETNIE ROZUMIEM CIĘ STARY, POCZEKAMY
AŻ SIĘ WYKRWAWIĄ...

kłamstwa, nie lubię jeździć do takich tu tam jatek". „Ja też nie" – mówi Korzeń Karol – „nie lubię jak jedni ludzie coś tam kradną, jak inni drugich zabijają, ale jak powiedzieć im, żeby przestali, to powinno być w systemie edukacji nauczane". „Ale powiedz mi, bo czytałem takie z rana, że w 'Faktach' czy innych sraktach pisało tam napisane, że teraz niby dziury robią i zalepkami takimi Jaffa zalepiają w tych tam grejpfrutach i tych niby tam bananach". „To ja ci powiem to z grejpfrutami tymi jednak nieźle w cycki pochwa penis walą, wiele jest zła Karol, to prawda, bardzo wiele zła jest". No i tak jechali, powolutku na włączonym sygnale, ludzie w popłochu się za nimi oglądali, bo myśleli że to po nich. „No a ty byś nie był głodny?"– spytał Karol w okolicach ulicy Jagiellońskiej – „bo ja bym wciągnął z glancem sznekę jakąś taką czy jakieś takie może w tym temacie ciastko". „Ja to bym więcej jakiś taki chiński klimat, jakiś z kapustą może taki zjadł sajgon". „A ja tu mam taką tu fajną piekarnię z fajną obsługującą panną, ale ja tak w sumie nie mam takiego głodu tylko coś do buzi sobie tak wziąć chciałbym". „Ale co, no to tu ja widzę taki fajny parking". „A to syreny nie wyłączać wiesz, tylko tak chyba lepiej włączone zostawić".

Grudzień, rok czwarty dwa tysiące, miasto Warszawa, państwo polskie Polska, o co może chodzić? – pyta się Katarzyna Lep siebie sama w sobie, poprawiając pospiesznie ułożenie na oczach powiek, czego chcą ci dwaj tutaj zbliżający się policjanci panowie? Jakby co, to nic nie wiem nic i jak coś, to nic im nie powiem, ja nie mam nic wspólnego z niczym i jak coś to mnie o nic nie chodzi, nic ja o niczym nie wiem i nic mnie to nie obchodzi, i nic nie powiem, nic nie widziałam, bo ja tu patrzyłam wtedy w inną stronę, leźli tu jeden z drugim jacyś tacyś? A może, ale ja wtedy w stronę pieczywa miałam patrzone, penis w pochwie. Tymczasem spodobała się Katarzyna Adamowi, fajna dżaga i w pępku ma kolczyk, długie włosy, a on to w kobietach lubi, dobrywieczór witamy dzień dobry, policja polska, chcielibyśmy panią ze współkolegą poaresztować, he he, to były żarty takie wesołe, cycki w pochwie, dwie drożdżóweczki dla mnie i dla współkolegi poproszę, bo tu ważne zgłoszenie mamy nieopodal i coś przed sprawą wciągnąć mamy sobie wolę ochotę. Spodobała się Katarzyna Adamowi. Bo u źródeł swych każdy z nas jest samotny, na tej pielgrzymce wielkiej do swojej wewnętrznej Częstochowy idzie sam, choć w tłumie wyjącym rozjuszonym, z bukietem połamanych kwiatów jakichś warzyw zaszłorocznych w dłoni, kiedyś wziął sobie kota, ale syn pochwy szczał po kątach i to śmierdziało a kto miał to sprzątać, i nie chodziło o seks, bo problem seksu jeszcze stosunkowo tu da się na pewne sposoby rozwiązać, chodzi o miłość, o dobro, o istnienie na świecie dobra. „A tu też dziś u mnie kupował ten Retro Stanisław, ten taki co jest w Radiu Zet na liście..." – mówi Katarzyna – ale oczywiście po angielsku wyłącznie ja z nim rozmawialiśmy." „Ale dla jakich powodów po angielsku?" – pyta Korzeń Karol. „Nie wiem, ale podobno czytałam jakoby, że to mason", „Mason czy nie mason, czy doktór Pochwaszek, ja jestem pan Adam, a ja pan Karol". „Ale ja to bym chciał taką z więcej żeby było glancu, a współkolega więcej taką pochewkę małą" ależ proszę ja bardzo, i tak dalej, i tak przyjemnie im się rozmawiało, choć syrena włączona nieco hałasem swym niepokojącym im bróździła i przeszkadzała, aż powiedzieli: „a weź ty już bo trzydzieści jest tu siedemnasta, chodź z nami pani Kasia, pojedziemy sobie my do miasta. Co 'nie mogę'? Kto nie może?! To jest pan Adam, a ja pan Karol, my jesteśmy policja i my ci tu możemy zaraz czegoś pozwala albo nie pozwala, penis cycki penis pochwy penis złamany, my cię tu aresztujemy i my cię w samochód tu zaraz wekujemy, a państwo na Brzeskiej rozważą sobie w spokoju z liczebnością swą nadmierną problemy penis". I Kasia w myślach sobie policzyła, że bez ściemy,

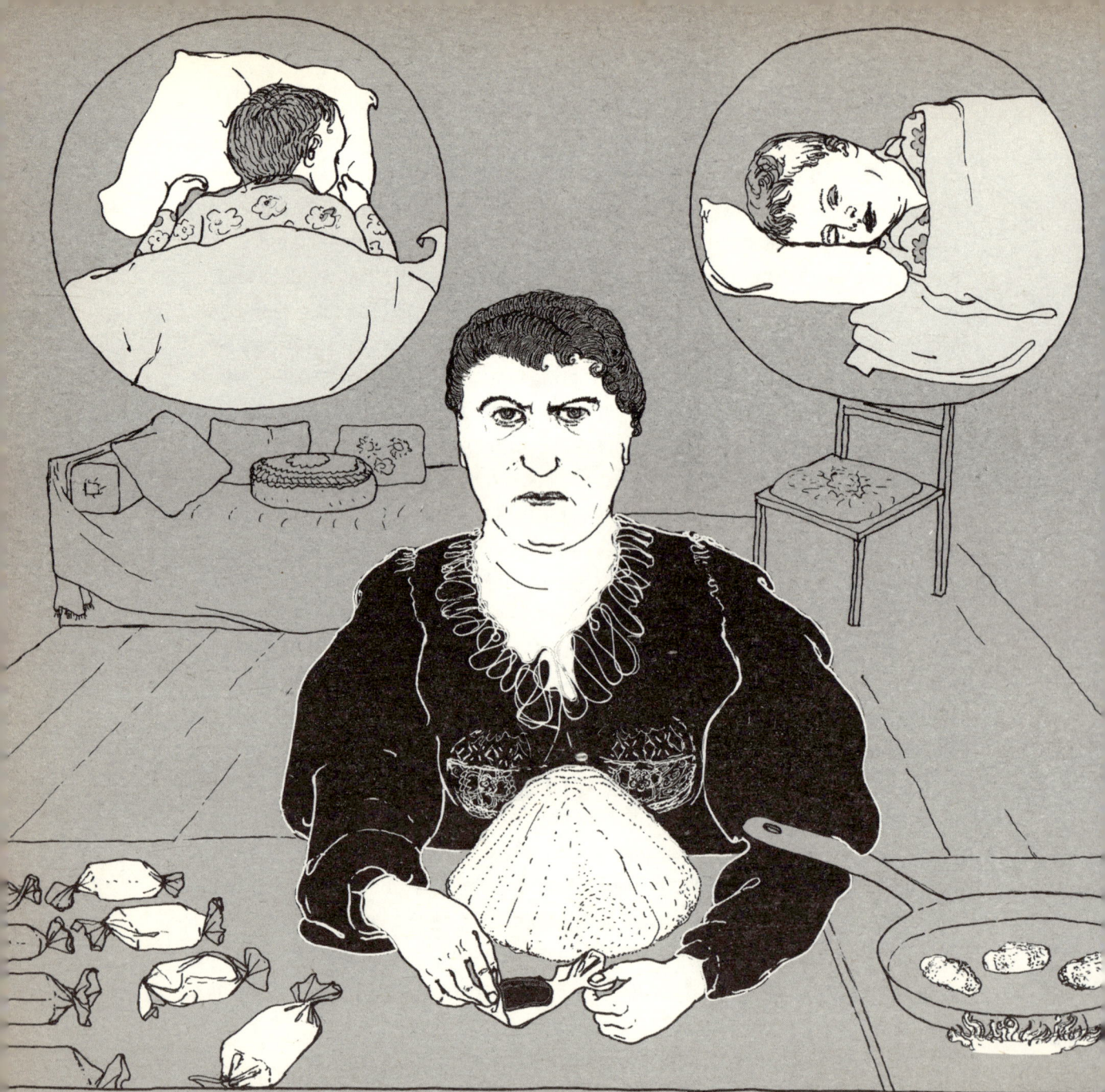

... STARA BABA CUKIERKI SOBIE SMAŻY Z CUKRU I WODY ŻÓŁTO SINE ...

nie będzie zamknięcie sklepu chwilę wcześniej ciężkim przewinieniem, to było oka mgnienie, gdy wzięła jeszcze trochę ciastek świeżych względnie i jakichś tam bułek, że na ziemię spadły je potem je weźmie wpisze we fakturę, by nie dostać potem burę, od szefowej w mentalną skórę, bo kurde, mówię po raz któryś, niech runą pesymizmu i negatywnych stron rzeczywistości mury, bo w naszej grze nie będzie drugiej tury i nie będzie dogrywki, uśmiech szybki do zdjęcia, bo zaraz nas zdejmą z tego boiska i cześć, bo to gra bez drugiej tury i to gra bez dogrywki, i możesz najwyżej potem wpaść na chwilę do swoich bliskich w stanie lotnym przezroczystym, powodując okrzyków dużo ale entuzjastycznych mało, bo lubią ludzie, gdy inni ludzie mają ciało i grawitację, choć z tą bezpodstawną dyskryminacją osób nieżyjących i zmarłych powinno się walczyć i to świetny temat na dla „Gazety Wyborczej" akcję, bo to, że nie żyjesz, to że gorszy jesteś wcale nie znaczy, osobie zmarłej okaż tolerancję, inny jest każdy, ale wszyscy jesteśmy tu braćmi, powiedzmy „koniec" osób metafizycznych przez osoby fizyczne dyskryminacji! Elo, dziś strony dostrzeż rzeczywistości jasne, koniec myśli czarnych, czarnych lodów apokalipso i propozycji wydawnictwa Czarne.

Nad marnościami marność tu widzisz, ty byś na pewno dużo lepszy świat wymyślił, ale biednemu Bogu tak świetnie nie wyszło, nie pozwól, by było osobie starszej przykro. Zobacz dziś stronę świata jasną, jest cień, więc musi być też światło! Zobacz dziś stronę świata jasną, cień jest tylko odmianą ciemnego światła.

Grudzień, rok czwarty dwa tysiące, może to być dla czytelnika wstrząsem, ale ta historia się już kończy, widać już tylko dogorywające miasto wieczoru, świateł obsesje, lamp ulicznych żółte żądła, widzę jak nad rzeką Wisła samochód policyjny na sygnale stoi, rzeczywistości pozytywne są strony, słucha wyjącej syreny w dziwnym zamyśleniu aspirant Karol Korzeń, jakieś tramwaje, jakieś rzeczy, jakieś jadą tu pociągi, dookoła się rozgląda za jakimiś gałęziami i cierniami Grociński Adam, w celu zrobienia z nich wianka, tak mu się ponieważ spodobała ta sklepikantka, Katarzyna na nazwisko Lep Kasia, która na okoliczność makijażu i uwydatnienia rysów twarzy się w lusterku wstecznym bada właśnie, o swej dzisiejszej przygodzie zapomniawszy ze znanym piosenkarzem, Stanisławem, który nigdy nic dla niej nie był znaczył, może gdzieś na weekendzie pojadą z tym Adamem, może na basen? Symultaniczność świata, penis, pochwa, Warszawa, mały Piotruś, ten co był po pączki na samym początku po stłuczeniu w sklepie Małe Dziecko na rogu z nazwą neonu, wróciwszy do domu śni sen z szarego kartonu w świetle włączonego wiecznie telewizoru, stara baba cukierki sobie smaży z cukru i wody żółto-sine, smaruje chleb margaryną, rozmawia do lalki murzynek, dziurki w grejfrucie szuka przyczyny, co: źle? Źle, że ludzie żyją? Wysyła Stanisław Retro sms do swojej dziewczyny z numeru kupionego w salonie przed chwilą: „Tu tata Stanisława. Stanisław nie żyje."

To chyba nie jest koniec, to chyba jest jakaś nieskończoność, tak cholernie jasną, jasną widzę dziś świata stronę, żadne cycki, żadne ich koleżanki penis w pochwie, 100% świata aprobata, żadna errata, żadne reklamacje żadne głupie penis żadne prącie, ale niech didżej nie chowa jeszcze gramofony, jeszcze widać jeszcze widać jedną pewną osobę, światłem dziwnym z mieszkania oświetloną, o penis cyce pochwa, to przecież MC Doris – Dorota Masłowska, co ona tam robi w grudnia wieczór na balkonie, dlaczego umieściła siebie w swojej książce, co to za dziwny pomysł? Co robi? Stoi. Obok tajemny kartonik, jakiś

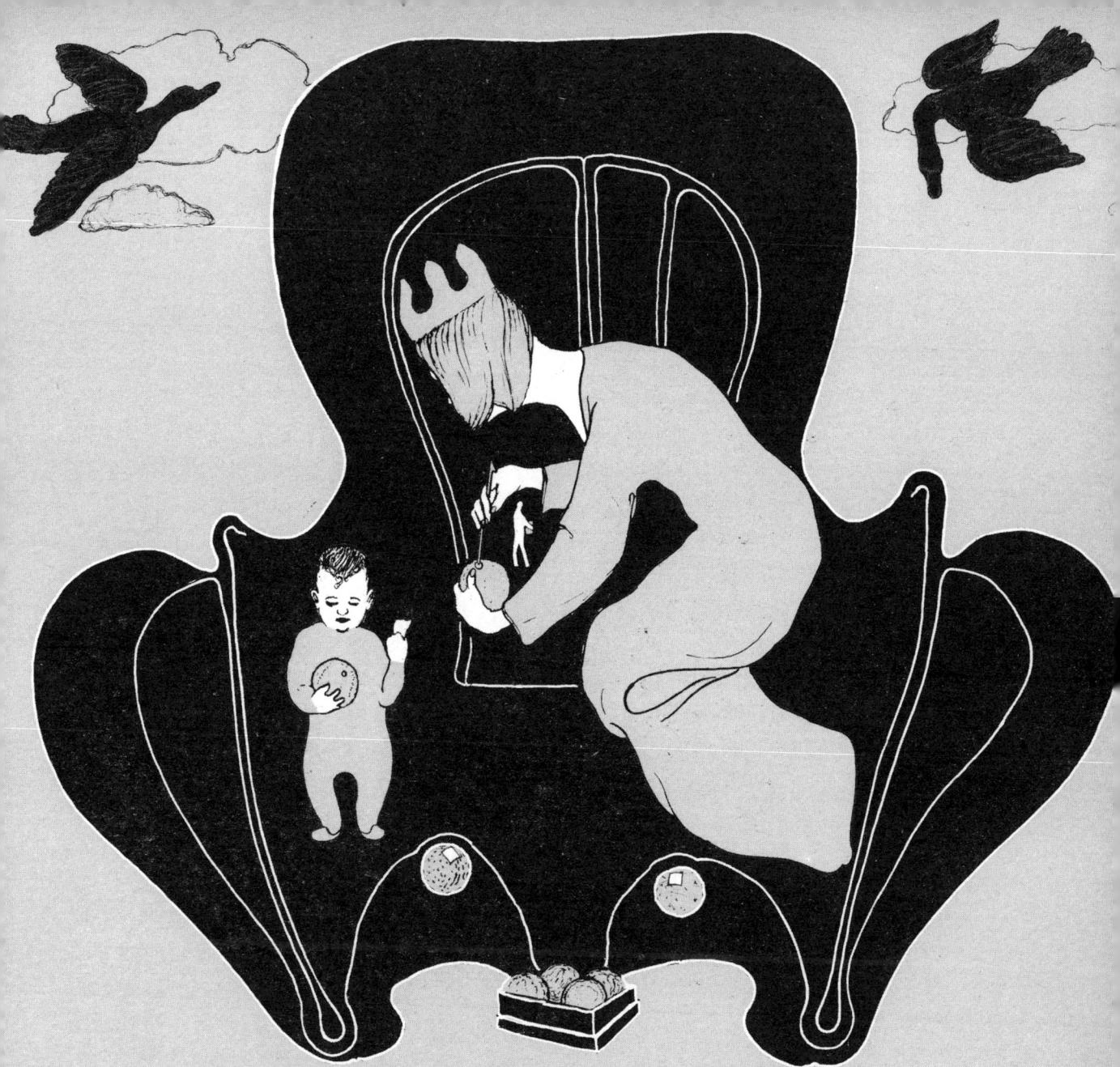

... OBOK TAJEMNY KARTONIK, JAKIŚ WYJMUJE CO CHWILA OBIEKT
JAKBY OWOC, BIERZE I MAŁYM NOŻYKIEM CZY SZYDEŁKIEM WYCINA
OTWOREK...

wyjmuje co chwila obiekt jakby owoc, bierze i małym nożykiem czy szydełkiem wycina otworek, małe dziecko jakby jej stoi obok, jakby niemowlę jakiś tam noworodek, o co może chodzić? Ono też coś tam jakieś nalepki nakleja, coś tam klejem robi, a jeszcze przychodzi co chwila chłopak i coś ciągle nosi, jakieś pudła czy kartony, penis w pochwie. Grudzień, Warszawa rok czwarty dwa tysiące, państwo Polska, ulica Jagiellońska, pozytywną raz zobaczyć świata stronę, jest cień musi gdzieś być słońce.

31 grudnia, sylwester. Z każdej strony namawianie cię: ciesz się. Śmiej się, natychmiast tu śmiej się, bo zobacz tu jakie tu tu tu mamy śmieszne. Są dwie opcje i obie są, że chcesz. Chipsy, piksy i pepsi. Serpentyna, balonik, konfetti. Cekin. Przebranie za arlekin. Wszystko to dla ciebie, więc bierz, bo jest świetnie. Są dwie opcje i obie są, że chcesz. Zobacz, zobacz jakie tu mamy śmieszne. Wesoła radość i zabawne szczęście. Więc bierz, więc jedz z tej uciętej ręki, bo teraz jest, a zaraz już nie będzie. I będą potem dopytywania jeszcze, jak Stachu spędziłeś sylwester? Bo ja byłem w Manu Chao na desce, w Ping Pong wyrwałem sexi 9 lat Chineczkę, a ty ulicą sobie szedłeś w deszczu, no to świetnie, kolegę zabić szedłeś, no to chyba też bawiłeś się nieźle, nie przecz.

31 grudnia, sylwester. Z powodu konieczności czucia szczęścia jakby w odwecie wszystkie z całego życia przypominają się nagle te złe momenty, czy to zdarzyło się na pewno? Jakieś gwałty, morderstwa, eksperymenta na zwierzętach, złe podszepty, świństwa szyderstwa, Pałac Kultury w deszczu jak szary tort bez ani jednej świeczki. Jakieś mgły, martwą łuską pomruguje Wisła, ta łuska nie przyniesie ci szczęścia w ten sylwester, Stanisław. Idź, idź przez szare bagna Warszawy przez śniegi, w koronie z od szampana pozłotek i drucików cierni, zabij go, tego niefajnego kolegę, od razu załatw sprawę w sylwester, a od Nowego Roku będziesz już zaraz dobrym człowiekiem i rzucisz palenie, nie tak będzie?

Sylwester. Podsumowując krótko dotychczasowe treści, ich osią jest bohatera głównego Stanisława Retro ulicami brnięcie w błot odmęcie, przy sporym wietrze i psychicznym zamęcie w celu spowodowania w afekcie ewidentnym kolegi swojego śmierci. Idzie on ulicą w czasie teraźniejszym i wspomina wydarzenia w czasie przeszłym mające miejsce, co zaraz okaże się jeszcze. Informacja ta powstała z funduszy Unii Europejskiej. Ma na celu dostosowanie piosenki do potrzeb osób mniej lub wcale nieinteligentnych. Informacja ta powstała z funduszy Kultury Ministerstwa oraz fundacji „Bez barier porozumienie" Jolanty Kwaśniewskiej.

Sylwester. Od tygodnia w liniach papilarnych zapisana wydarzeń konstelacja niefajna i podejrzana tę całą sytuację zdeterminowała. Jak było? A nie było wcale, miało wyjść coś, niewielkich rozmiarów wałek, mniejsza z tym o co chodziło, tego śmego, figo fago, branżowy wątek, branżowe pewne sprawy, w poszukiwaniu utraconej kasy, na badylu dylu dylu z miejscem na Muzycznej Piosenki Liście małe, radzić sobie jakoś trzeba to prawda, żeby cię poza nawias komercyjna kurwa nie wykolegowała, sukcesu ci nie ukradła, to priorytet w życiu wokalisty piosenkarza, i cóż, już–już wszystko prawie się ugrało, sukces był tuż tuż, sprzedaż płyty miała się wzrosnąć i poprawić, koncerty, zamówienia, występ w programie i w radiu, no i na rękę gotówka też miała bądź co nie bądź pewna wpadnąć, bo ukryć niełatwo szczególnie z gotówką było u Stacha marnie, ale ktoś nawalił, ktoś inny zdradził, coś komuś wypadło, ten dawał sobie kadzić, ale nie odbiera nagle, telefoniczne zwinął żagle i gdzieś poza zasięg odpłynął, jednym słowem ktoś coś kiedyś tegoś, ale chyba coś nie zazwoiło, a wszystko nakręcać miał jego ten niby menedżer Szymon, nie tak Staszek było? Tak było. Jedno jest pewne – finansowo ostra kiła, brak siły na pieniędzy brak przez Stanisława, 31 grudnia sylwester, miasto Chujnia, powiat Klapa, stolica Polski Warszawa, Północ Praga, uśmiechu atrapa na ustach od rana, zoo za oknem w na strzeżonym osiedlu mieszkania i ryki zwierząt weneryczne znaki zapytania lecące przez niebo, które jak niewyżęta szmata szara, szara ściera wywieszona przez Boga w wyschnięcia celu, o co za poracha, co za niefajny melanż.

Powtórzmy więc raz jeszcze, gdyby więc chcieć streścić powyższego fragmentu treści, ukazany w niej jest z ogólnej perspektywy czas przeszły: główny bohater piosenki w finansowej znajdując się opresji, usiłował poprzez machinacje etycznie niepewne dodać rumieńców przebiegowi swojej kariery, zdaje się, że bezskutecznie. Słowo mogące odbiorcy sprawić problemy to „priorytet": coś pierwsze, coś najważniejsze. Informacja ta powstała z pieniędzy Unii Europejskiej. Ma na celu obronę praw i potrzeb osób mniej lub wcale nieinteligentnych.

Sylwester. Więc Szymon nie odbiera (ten menedżer) i trudno ukryć teraz, że rzeczywistości stelaż poszedł się jebać w efekcie, aluminiowe rurki na oczach Stacha (który jest głównym bohaterem) pękły, brzdęk brzdęk, bezdźwięczny rozległ się brzdęk ich, bezładnego odgłosy z pola bitwy odwrotu materii, przywalonych ofiar jęki, pięćset jeden, pięć siedem, siedem cztery... hej, jak tam było dalej? Czy ktoś tu sobie robi jaja, halo halo? „Szymon odbierz, to ty?, halo...?"

Staszek dzwonił pod ten numer całe rano, raz za razem, porażka za porażką, sto razy wykręcił i sto razy wysłuchał umizgów lepkich automatycznej sekretarki, „Elo, mówi telefon Szymona, nie mogę teraz odebrać, ale do ciebie zaraz oddzwonię, no to narka", ale jaja, coś tu się nie zgadza, ktoś cię chyba tu wystawia, chyba cię tu ktoś, własny menedżer, zdradza, chociaż może to wina tego komórasia, możliwość dodzwonienia się Stanisław sprawdza jeszcze z drugiej nokii sto pięćset, którą ma w celu w gry grania, więc z nokii się stara, lecz tego niemożliwość jest coraz bardziej jednoznaczna, bardziej wyraźna z chwili na chwilę, czy to możliwe, czy ludzie wobec ludzi mogą być aż tak nie-uczciwi? Tak nieżyczliwi, źli, każdemu w głowie władza, gdzieś coś się wciąż jakaś faktura nie zgadza, jakiś wałek stoi za każdym atomem świata, brat chce z bycia rodzeństwem wykolegować brata i sam być swoim rodzeństwem, niczym nie musieć się dzielić, a najlepiej wszystkich ludzi wykolegować z tego świata i samemu żyć na świecie, dla siebie mieć te wszystkie pieniądze, te wszystkie rzeczy, samemu kąpać się w basenie, zamiast przepychać się z pleb-sem, weź przestań to jakiś przekręt, być takim skurwielem takim mentalnym menelem jak można, a on całe tak rano dzwonił i jeszcze wczoraj, i ile on na to kasoczasu zmarnował, bo że telefonu Szymon nie odbiera to jest czas teraź-niejszy, ale nakręcanie całej tej sprawy to chyba tygodnia jest kwestia, jeszcze tydzień temu Staszek koło niego, specjalisty wielkiego od nakręcania mediów, który na płytę napisał mu teksty i czasu swojego zapoznał go z kim trzeba, siedzi w jakimś klubie przed zespołu Konie koncertem, stawia mu drinki naj-lepsze same „Zmierzch o Poranku" pe el en dwadzieścia dziewięć, no napijmy się Szymon, napijmy się za zdrowie mnie i ciebie, i jebie na każdego na kogo Szymon jebie, posługując się w tym celu „echo" swoim mentalnym efektem i wtem „Ci Konie to fajny zespół" – mówi Szymon – „świetną ostatnio nagrali piosenkę, można by tu im nakręcić jakąś karierę", określając Konie jako fajną kapelę i Stanisław pamięta jak tam siedzi i o mało nie zemdleje, to się bardziej śni czy to się bardziej dzieje, ten chuj skorumpowany ze złamanym żołędziem

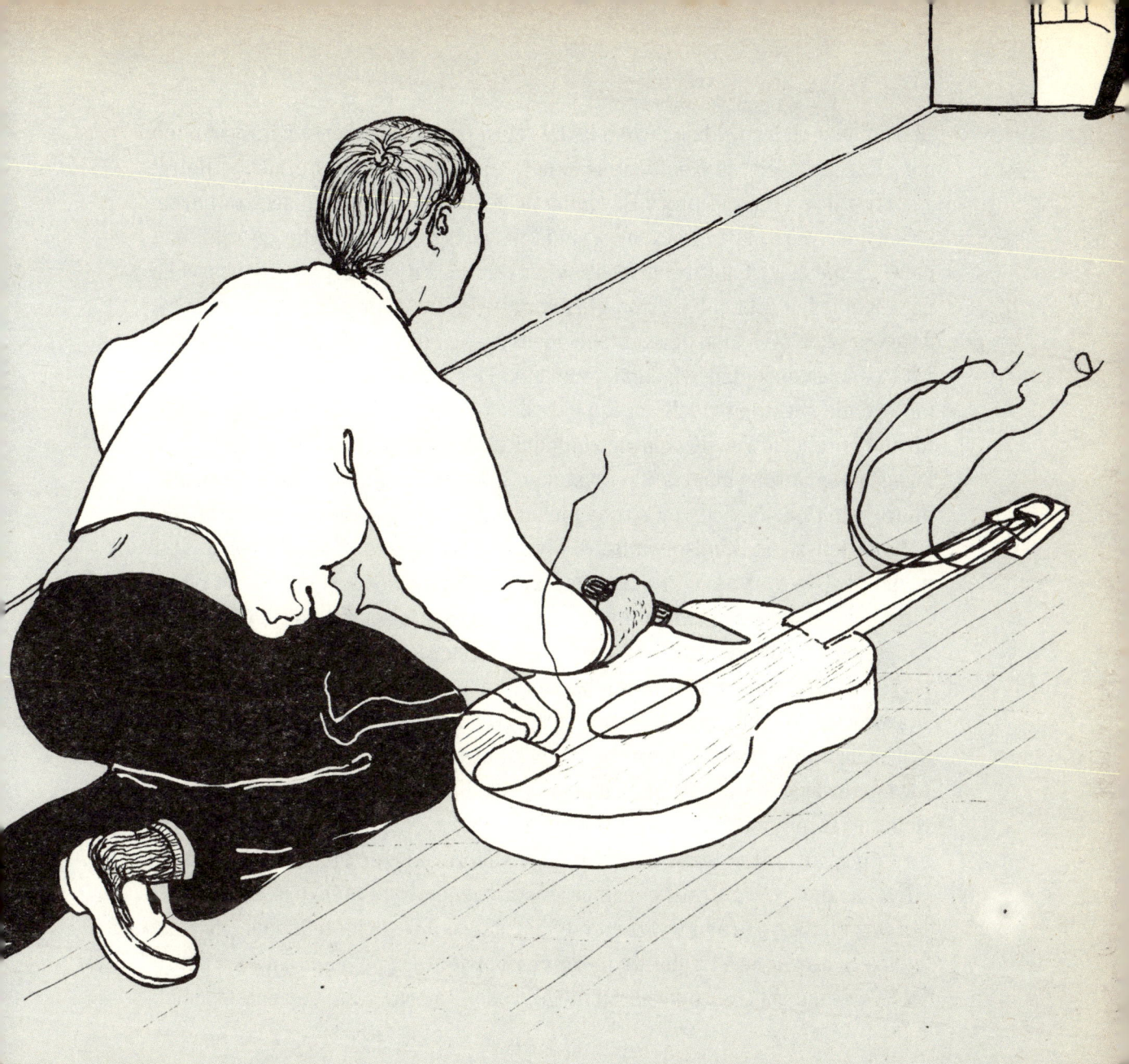

... NIE BĘDĄ MIAŁY KONIE LEPSZĄ OD STANISŁAWA RETRO PŁYTY
PODAŻ I SPRZEDAŻ. ALE GDY OBCINAŁ TE STRUNY CZYJŚ
W KORYTARZU KROK ZASZMERAŁ ...

za pieniądze tu jego chleje i wtem będzie zeru jakiemuś innemu nakręcał o nie nie. „Rzeczywiście, te Konie są świetne"– zgodnie twierdzi Stanisław Retro, a korzystając z pójścia przez Szymona do toalety, mówi do stojącej za barem kobiety, czy nóż ma czy scyzoryk jakiś pożyczyć mu na chwilę do ręki, ona mówi, że nie może tego zrobić niestety, ale on wciąż nalega, „potrzebuje szybko noża mój jeden taki kolega", bo nieobliczalny był w napadzie zazdrości i ega, więc wreszcie w wyniku pertraktacji dochodzi do noża wydzierżawienia, gdyby jak to wszystko pójdzie wiedział, to by nigdy jej tych 50 zeta kaucji nie dał, ale on tego nie wie, kiedy idzie na ten cały backstage, „organizator", „vip","organizator" przedstawia się ochronie chłodnie i zwięźle, unikając kontaktu wzrokowego nimi a sobą między, i korzystając, że zespół cośtam ustawia na scenie, gitarę jedną z drugą bierze i struny piękne idą do nieba, o nie nie, nie będą miały Konie lepszą od Stanisława Retro płyty podaż i sprzedaż. Ale gdy obcinał te struny czyjś w korytarzu krok zaszmerał, więc on buch nóż pod jakiś od gitary futerał, myk! Jakieś drzwi, jakimś bocznym wyjściem ucieka, coś, ktoś, kiedyś, zadyszka, ciemność, brak oddechu. U sił kresu, echu echu, moralnie bierze może na krechę, ale nie ukradną już mu głupie Konie sukcesu. Jak dostał się z powrotem do środka nie wiedział, w płucach zamieszki, wysypanie zboża na krwiobiegu tory przez komory serca, w klubie krzyk i afera z powodu zespołowi przez sprawców nieznanych strun obcięcia! Kto i kiedy, którędy? Kto, by Konie wystąpiły nie chciał? Zagrali więc z playbacku, symulacja piosenek na strun pozbawionych instrumentach, cały wieczór aż ze złości ledwie siedział o ten banknot co w kwestii kaucji przepadł, przebaczyć sobie tego nie mógł, że ten nóż tak bez powodu wyrzucił i tej barmance dał się na tę kaucję wyjebać, a jeszcze wspomnieć trzeba, że przez resztę wieczoru Szymona musiał adorować i chwalić, cukru z lukrem na niego wydalił morze całe, stężenie pochlebstwa wyraźnie jego prawdopodobieństwo podważało, i może nawet bolał go ten niski swej aprobaty realizm, prowizoryczny charakter wygłaszanych superlatyw, a szczególnie gdy powiedział Szymonowi „fajne masz te korale", a tamten się tak uniósł jakoś, że to jakaśtam mala czy buddyjska jakaś inna chała i odmówił do przymierzenia dania, to poczuł się Staszek tak jakoś niefajnie wcale, że może z rury rozmiarem tu przesadził i grubością nici wygłoszonej aprobaty, teraz jak to sobie przypominał, to go krew zalewała, i ta kasa na drinki wydane go teraz bolała, jak kończyna bez powodu amputowana, a zwłaszcza kaucja za nóż do obcięcia strun konkurencji, która w okolicznościach opresji przepadła, bo teraz był 31 grudnia rano, gotówka już być miała już, ale cóż, miała a jej nie ma, a w portfelu same banknoty o niekorzystnym nominale zero, co za chujoza i ściema.

W powyższym fragmencie ukazane zostały zdarzenia dziejące się w czasie przeszłym. W tekście użyte zostały słowa skurwiel, jebać, chujoza i chuj, wulgarne mutacje określenia czynności seksualnych i wyrazu penis. Ta dosadność i wulgarność ma na celu do lektury zachęcenie osób, które nigdy by po tę lekturę inaczej nie sięgnęły, osób nieinteligentnych jak również nieletnich, wycieczek szkolnych a także osób niepiśmiennych. Ma to je rozweselić, ma to być bardzo śmieszne. Każdy w naszej piosence znajdzie coś dla siebie. Piosenka ta powstała za pieniądze z Unii Europejskiej. Można ją przeczytać za pomocą liter zawartych w alfabecie. Wzory poszczególnych liter znajdziesz w internecie, www.czytajmiopowiadam.pl, lub zamówisz esemesem.

31 grudnia, sylwester. Ostatniego dnia roku zwyczajowe określenie. Płonące ognie, paluszki, balonik i słone orzeszki. Konfetti. Cekin. Girls, grill, rożen

i let's happy, let's made in Pekin. Musisz się cieszyć, musisz czuć to szczęście i co z tego, że nie masz pieniędzy, nie możesz nie mieć pieniędzy! Potem po tym feralnym koncercie na jakimś nagraniu do sondy ulicznej gdzieś tam jesteś i znajomy pewien z TVN żegnając się mówi do ciebie: „no to do zo Stachu na *Z Końmi sylwester* imprezie, będzie nieźle". „Ejże ejże" – mówisz z nagłym podejrzeniem, jak złodzieja łapiąc go za rękę – „co komu czemu? Gdzie w imię czego i kiedy?", „No *Z Końmi sylwester*" – mówi znajomy mniej już pewnie – „bankiet wielki z koncertem, katering, Vangelis, fajerwerki, wszyscy będą co liczą się na Liście Muzycznej Piosenki...– i zmiany w twarzy twojej zachodzące z niepokojem śledzi, jakby informował cię o twojej własnej śmierci i jak zare-agujesz nie jest pewny, i nagle okazuje się, że strasznie się spieszy „och to już półeczka do trzeciej, muszę lecieć!". I leci, zostawiając cię w podejrzeń sieci. I wtedy nagle dostrzegasz, że dziwne otaczają cię szmery i towarzyskie szepty, jakieś szelesty, aluzje bolesne ze strony podłogi desek, i no kogo nie spotkasz, to wszyscy gadają o tej jakiejś imprezie, na którą ty coraz ewidentniej zapro-szony nie jesteś. Więc w odwecie, za którymś razem, gdy ktoś się chwali zapro-szeniem, nie wytrzymujesz ciśnienia i małą improwizację wygłaszasz głośniej niż trzeba, że nie, że raczej cię nie będzie, bo z Anką wyprawiacie u siebie, „najważniejszych w mediach osób dziesięć, kameralna to impreza, nie jakiś plebsu spęd, wiejski festyn na zaproszenia z pracy miejsc dla pracowników Siekierki EC, wpaść chcesz masz ochotę jeżeli to wpadnij", może aż za bardzo pojechałeś, bo wtedy jeszcze nie wiedziałeś, że bliźni bliźniego może aż tak wystawić, że taka może być ujemna sytuacja z kasą, Grottger Artur *Już tylko nędza*, Jerzy Kossak *Chleb z melasą*, sorry pardon Staszek, ale co z konfetti, co z petardą, co z kotylionami i lepszą niż *Z Końmi sylwester* zabawą? I nagle możliwości wachlarz i siłę sprawczą masz porównywalne z karpiem płynącym

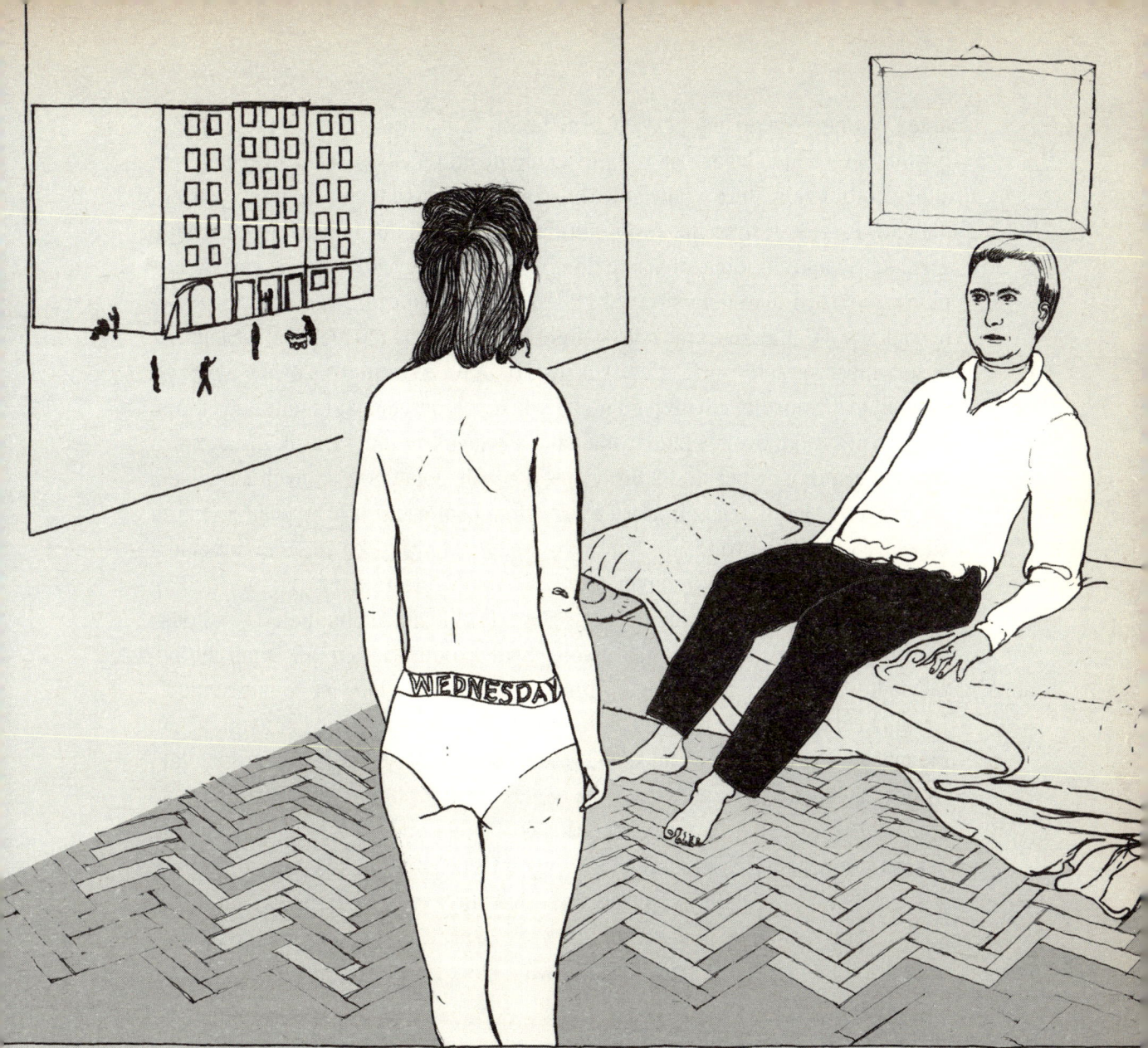

... PRZESIK ANNA, KTÓRA WŁAŚNIE WSTAŁA I NA SCENIE TEJ FARSY STRASZNEJ SIĘ POJAWIA ...

przez wannę, ręce do nóg przywiązane i wszystkie otwory twarzy i ciała pozatykane, po telefon sięgasz po raz nie wiadomo jaki, i gdyby teraz przypadkiem zadzwoniła twoja stara i powiedziała: „że jesteś masonem właśnie się dowiedziałam i że nie jestem już twoją matką Stachu, poinformować cię chciałam, w rabarbarach cię z ojcem znalazłam, psy i koty wychowały cię na szklarniach, to ty byś tak samo siedział i tylko satysfakcję czuł, że wszystkiego się spodziewałeś". Bierzcie i jedzcie ze mnie wszyscy, bo ja nie mam żalu. Siedzisz, obserwujesz sprzętów AGD niewzruszone trwanie, z czujnością osoby patrzysz oczekującej w każdej chwili jego mebli własnych przeciwko niemu powstania, którego przywództwo obejmie twoja dziewczyna aktualna, Przesik Anna, która właśnie wstała i na scenie tej farsy strasznej się pojawia w samych z napisem „wednesday" majtkach, z fryzurą i wzrokiem osoby, która przy prądzie przed chwilą coś kombinowała, do kontaktu wody nalewała, co przedsięwzięciem zdaje się pozornie irracjonalnym, lecz z jej strony to gorzka rutyna i normalka, mówiąc: i jak Stachu, jest już ta kasa? „Cycki sobie usmaż buahaha!"– udajesz dowcip zabawny, ale za pomocą twojej twarzy odpowiedź i tak sama się odpowiada. „Stachu" – mówi nagle Anna – „ty chyba nie mówisz to poważnie?!" i w pół kroku przystaje jak Nike, która się waha i rękami poobcinanymi do ciebie macha. Boże, i tym swoim spojrzeniem nienormalnym na ciebie patrzy, jakby oczy za bardzo wysunąwszy się z twarzy z wtyczek powyrywały kable: „no weź sobie nie żartuj, bo przecież paluszki i słone orzeszki, komety i petardy, cekinu konieczność, arlekinu i let's happy, let's be party, a dziś tylko do trzeciej jest otwarte", i tak dalej w sposób wyżej podany: „a ty tu siedzisz i na meble sobie patrzysz w obliczu utracenia resztek twarzy!! Dzwoń do tego Szymona tego drania, mów żeby zaraz wyskakiwał z kasy, bo inaczej ja z nim pogadam i wtedy zobaczysz!"

Czemu w majtasach tych ona tak ciągle łazi? „Wednesday", co za bez sensu napis, „wednesday" i „wednesday", choćby był czwartek czy wtorek, bo ty po angielsku może nie zwoisz, ale co jak co nikt cię nie zagnie z dniu tygodnia, monday poniedziałek i tak dalej, piątek i tym podobne, niedziela, czwartek, sobota, niech jakiś dzień ktoś wymieni, a ty mu go podasz. I popatrz, że na psy pozorantem nie zostałeś tak jak zawsze chciałeś szkoda, stałbyś sobie teraz w „pi i sigma" takich łapskach i galotach ucharakteryzowany na kota, i miałbyś luz, i miałbyś popyt i podaż, i dziewczynę sklepową o długich żółtych włosach umiejącą i gotować i sama skręcić mopa, dużo jedzenia, porządek i wygoda. A tu kłamstwo, zazdrość, wzajemne okłady z błota, gwiazdy rozrywki i sportu, podkład z drobinkami złota i kupa w złotych galotach. „No odbierz" – wtem Anna woła, bo telefon „dzyń dzyń" dzwoni, podrywasz się, biegniesz, rozglądasz, gdzie? Szybko! Może to oni! I lecisz na łeb na szyję, bo może to Szymon, my czytelnicy wiemy, że to nie będzie Szymon, ale ty nie wiesz tego Stanisław, gdy się tak biegnąc mało nie zabijesz, w słuchawkę się wpijasz, „halo Szymon to ty? Halo," ale słyszysz tylko jakieś tam dalekie sygnały, to sygnały dzwonią do ciebie, choć nie są twoim kolegą i nigdy nie dawałeś im swego numeru, i jeszcze ten sylwester w tym wszystkim, i goście zaproszeni do tego, i dlaczego właśnie dziś, dlaczego, czy nie można było poczekać z tym do marca, lutego?

Ale sylwester sylwestrem, my robimy krótką przerwę, nie każdy od razu może wszystko zrozumieć czytelnik, podjazd dla mózgu na wózku wybudujmy w tej piosence, piosenka ta powstała za pieniądze z Unii Europejskiej. Naczytaliśmy się już dosyć zresztą, to nie jest literatura, to jakiś kurwa bełkot, ta laska ma nakurwione we łbie, niech do pochwy sobie głowę wepchnie i na to nadepnie. Ta piosenka powstała z funduszy Unii Europejskiej. Zawiera liczne niepoprawności gramatyczne i logiczne błędy. Ma na celu przysporzyć czytelników głupich i nieinteligentnych o zadowolenie, że zauważyli błędy i samodzielnie je znaleźli, oraz w przyjemne wprawić ich zdumienie, że sami napisaliby to poprawniej i lepiej, gdyby tylko dostali kija w rękę i trochę ziemi. Do napisania tej piosenki zostały użyte wyrazy oraz litery. Możesz je znaleźć w internecie, możesz zamówić esemesem. Przestrzegamy przed prawdziwych liter podróbkami, te fałszywe znaki nie mają nic wspólnego z prawdziwymi literami.

31 grudnia. Sylwester. „Musisz skądś tę kasę skręcić" – mówi Anna Przesik, wykonując w lustro patrzenia szybkie gesty i nerwowej symulacji powiększania dłońmi piersi, a po każdym słowie jest wykrzyknik, a pomiędzy wyrazami ,które mówi nie ma żadnej przerwy – „bo co ja mam założyć sobie, sweter?! Zdążę do Centrum Galerii, jeśli się z tą kaską streścisz". I tutaj musi nastąpić mały appendiks o osoby tej charakterze, którą Stachu poznał niedługo po odejściu Ewy, ponieważ na jego koncercie trzy miesiące temu bawiąc się zbyt zacieklie w pierwszym rzędzie przez barierkę wypadła na scenę, control, alt plus delete, dezintegracja powłok cielesnych, czaszki pęknięcie, jej spojrzenie już wtedy, gdy ją nieśli dziwne na nim zrobiło wrażenie, nadmiernie wypukłe było i nadmiernie ruchliwe, jak losowanie lotka, które nie może się zatrzymać, ale od razu wymyślił Szymon ten z psiej dupy menedżer, „pójdziesz Stachu do szpitala potrzymać panienkę za rękę", srannie jakieś w banie, „medialnie korzystne przedsięwzięcie!", więc poszedłeś i od razu jakieś gazety, media, flesze, na stronie pierwszej zdjęcie w gazecie codziennej „Twoje Esemesy", jak Stachu pomarańczów siatkę mumii wręcza, a jeszcze zrobił z supermarketem Szymon interes, żeby była nazwa widoczna i cena złoty dziewięćdziesiąt

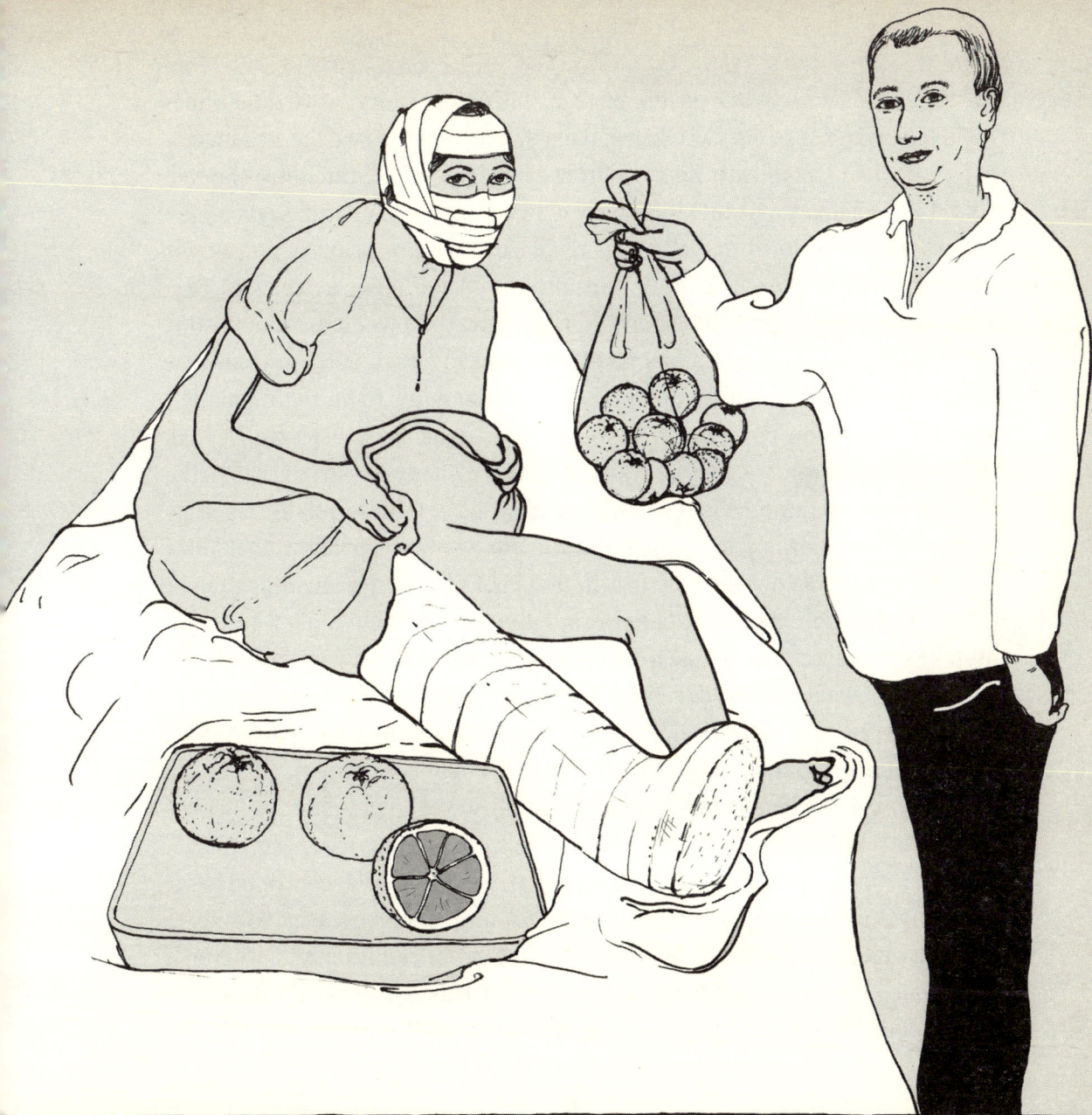

... STACHU POMARAŃCZÓW SIATKĘ MUMII WRĘCZA, A JESZCZE ZROBIŁ Z SUPERMARKETEM SZYMON INTERES...

dziewięć, i na soczysty bez pestek miąższ zbliżenie, i skóry łatwe do obrania i cienkie, kaskę z tego oczywiście wziął dla siebie, a potem widząc, że chwytliwy jest to temat, „Stanisław Retro dobrym człowiekiem" i „Stan Retro chorych nawiedza", tej dziewczynie, której oczy dziwne kręciły się coraz szybciej jak fantowa loteria wmówił natychmiast, że pisze wiersze: „prawda, że piszesz wiersze?" „Sama nie wiem..." Ale niezależnie od tej odpowiedzi rzekł Szymon: „no właśnie!" i już następnego dnia miał przygotowaną dla niej kartkę, w słupkach napisane były na niej jakieś bez sensu wyrazy, „potwory potwory to ostre gady", „kamienie to głazy", „to są takie słupy, to są takie gniady". „Że to neolingwizm powiedz" – mówi Szymon – „jak będą cię pytali", i tak dalej, i potem zaraz w nowej artykuł w „Gali", „Znany piosenkarz i poetka neolingwistka znana mówią o swojej przyjaźni na terenie szpitala", „gorący romans" dziennikarka jeszcze sugerowała, ale Szymon dziwnie zaciekle się na to nie zgadzał i że wyłącznie jest to przyjaźń napisać jej kazał, jego upór w tej kwestii podejrzana zresztą sprawa. I jak słyszał ciągle Stachu te superlatyw eksplozje nuklearne: „ach jaka ona jest znana!, prawdziwa gwiazda, popularna, sławna!", to nic dziwnego że w końcu mu się wydała całkiem ładna i dręczyć go zaczęły pozostawione same sobie przez Ewę od dawna genitalia, i jeszcze tam w szpitalu molestował Annę, gdy tylko sami choć na chwilę zostali, żeby wyjęła choć jednego palca z tego gipsowego sarkofagu, żeby choć popatrzyła wzrokiem na jego ptaka, „no chociaż popatrz tu jeden raz, Anka!" – skamlał. On tych tam wierszy nie rozumiał, ale mu się właściwie podobać zaczynały. Krótkie takie, ciekawe, choć może niezrozumiałe. Ona wyszła ze szpitala, razem na osiedlu strzeżonym w mieszkaniu zamieszkali, i wszystko było fajnie, wspólne zakupy, kasa, koncertowa trasa, W Rasterze cafe late (nawet obraz jakiś o treści niezbyt jasnej kupili od Kaczyńskiego Michała przedstawiający z twarzami ziemniaki), Mokotów Galeria i CH Arkadia, ale po dwóch tygodniach się okazuje jakichś, że wtem zadebiutowała laska nagle, która tworzyła w monolingwizm nurcie, poezję jednego słowa poezją jednego wyrazu również zwaną, i bardziej okazała się popularna i znana, co za prostota i klarowność! „Taka młoda a taka dojrzała!" – o niej pisali, a Stachu mógł przysiąc, że Szymon palce w tym maczał, *Człowiek* – wiersz o człowieczeństwa zagadnieniach i człowieka wewnętrznej prawdzie, *Grał* – wiersz o kaprysach losu ludzkiego i życia hazardzie, *Głazy* – ten poruszający jednowyrazowy utwór refleksję nad kamieniami wyraża, liczba mnoga użytego w nim wyrazu symbolizuje duże ich ilości na terenie świata.

Zgrabne to i do zacytowania łatwe, dużo czytelniejsze niż złożone wiersze Przesik Anny, która zresztą mediom się przejadła, i coraz częściej opinie wyrażano, że po zdjęciu tego z gipsu sarkofaga wcale się nie okazuje taka, jak pisali ładna i popularna, i w ogóle sztucznie wykreowana wydmuszka medialna, ściera, kurwa, dziwka, kurwa i szmata. Szymon próbował jeszcze jakiejś Anny Przesik sławy reanimacji, powiedział, żeby wszystkie pieniądze, co za wierszy pisanie dostała, oddała na „Kulas" osób ze złamanymi kończynami założoną naprędce fundację, zrobili zdjęcia jak czek wypisuje i jakiegoś ściska handicapa, ale mały rykoszet medialny wzbudziła ta akcja, co z pieniędzmi? Jakaś zaszła perturbacja i odzyskać się podobno nie dało już sumy całej, a Stachu też na bakier, jak my czytelnicy zdajemy sobie sprawę, był ze szmalem.

A Szymon coraz to nowe ma pomysły jak jej sławy i popularności dokonać reanimacji. „Wiesz co to kultura patriarchalna?" – dzwoni do Anny przed świętami. „No nie bardzo..." – chłodno ona odpowiada, bo myśli, że on ją o coś wini i oskarża, ale mówi Szymi „no właśnie, to mów, że z nią walczysz". I nawet ta-tuażu zrobienie jej postawił, na lędźwiach, żeby nad spodniami wystawało, ja-kieś węże, róże i gotyckie kwiaty, a wśród nich KP na szubienicy przekreślony napis, co miało symbolizować tej kultury patriarchalnej kontestację. Mówił że to będzie silny atut medialny. Tak pokrótce opisać można jej charakter, w gry komputerowe też była pizdą w klapkach, aż czasem się Stach zastanawiał, czy pograć jej dawać, bo krew mu z oczu leciała, jak musiał na to patrzeć, jak włazi na ściany w komnatach, upośledzenie ma różnicowania lewa/prawa, może to tych jej oczu nadmiernie poruszających się sprawa. No, jednym słowem dziew-czyna może sławna, ale niezbyt ciekawa.

31, sylwester. On nie wiedząc co robić siedzi, a ona temat pieniędzy męczy: „w swetrze! Na sylwestrze! I co jeszcze! Kucharę zrobić ze mnie chcesz!". Dzi-wić chyba się czytelnik nie będzie, że kryzys Stachu przechodzi usposobienia, jak cyrkowe czuje się on zwierzę metalowym łajane prętem w obliczu niemoż-liwości podskoczenia więcej, co więcej wczoraj znikło z szuflady ostatnie pe el en złotych pięćset, to historia której samo wspomnienie o mentalną przypra-wia go apopleksję, ty coś zjeść chcesz, głodny jesteś, w lodówce z dekoracją z pleśni keczup, to jak ona lubi takie grzyby, to niech sobie je to i smacznego, ty sięgasz do schowanego w szufladzie portfelu, na er frąs masz chęć jakieś sęk pies brew i może jakiś weflon, ale tam również banknoty przezroczyste o nominale zero, co się kurwa tu dzieje? Ale ty wtedy wiesz już, patrzysz na tę obcą ci nagle kobietę i fryzurę jej widzisz nagle jakby w innym nowym świetle, jakieś pasma się tam pojawiły, tęcze, balejażoefekty, pasma świetlne, o kurwa ale ona we fryzjerze zainwestowała niestety te wszystkie banknotomonety, we fryzjerze pe el en złotych pięćset!

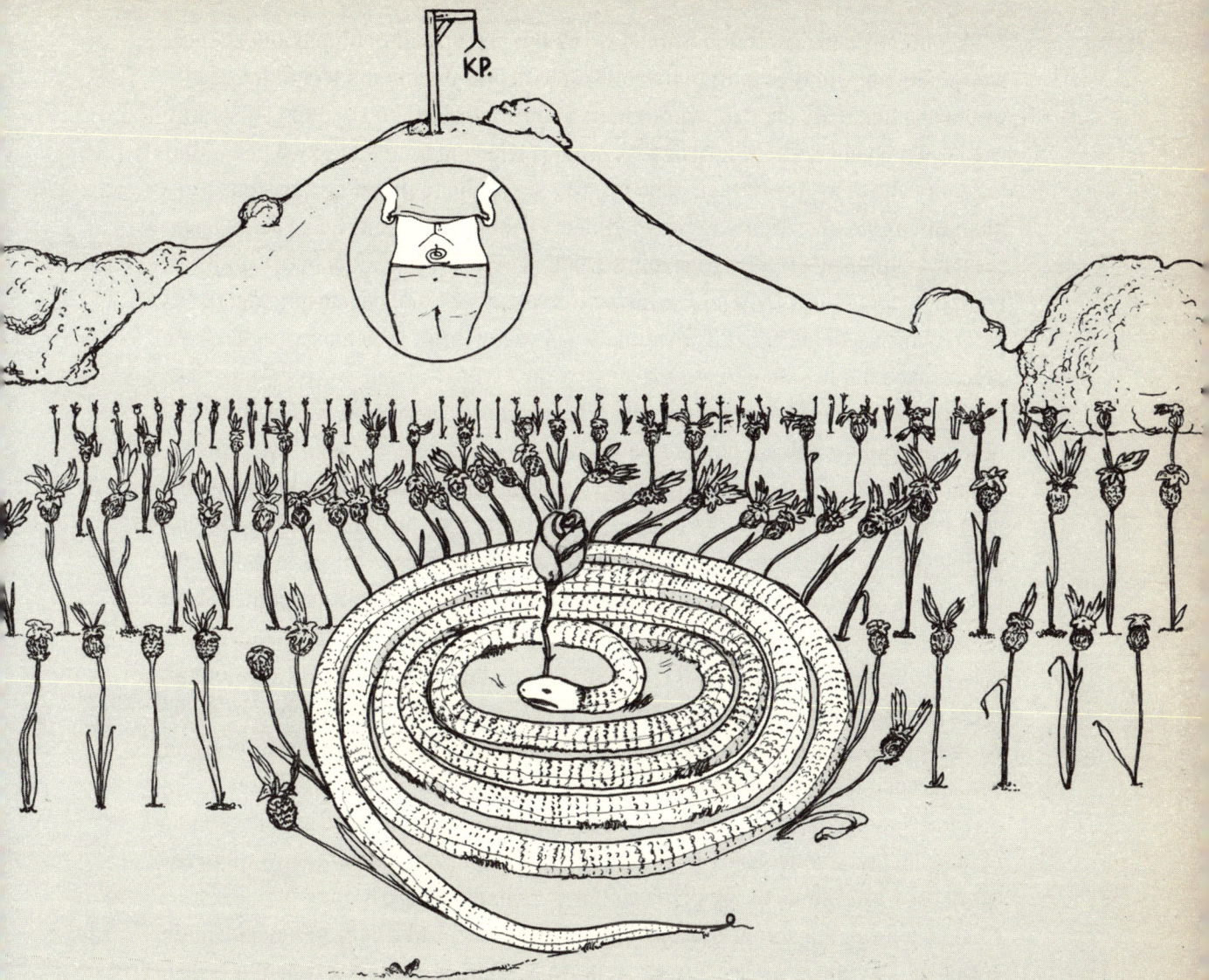

...NA LĘDŹWIACH, ŻEBY NAD SPODNIAMI WYSTAWAŁO, JAKIEŚ WĘŻE, RÓŻE I GOTYCKIE KWIATY, A WŚRÓD NICH KP NA SZUBIENICY...

Aż spocił się wewnętrznie Stanisław, on był już z natury chłopakiem zdenerwowanym, ale wtedy jednak to było coś więcej, jakby czołg mu jechał przez głowę na sygnale, cały chodził, workopenis i kończynoręce, kop w dupę jej solidny raz i drugi wymierzył, i w ferworze przemocy włosy piękne zmierzwił, ich układ misterny chaosowi powierzył, choć broniła się zaciekle przed fryzury zniszczeniem Anna Przesik złapanym przypadkiem ze stołu do sałatki łyżką i widelcem, to on był silniejszy, i trochę boczenia się potem było, ale już jakby byli pogodzeni, i może by nawet coś były jakieś historie z seksem, współżyciem przedmałżeńskim, tymczasem jak teraz 31 grudnia w sylwester, brak jakichkolwiek środków pieniężnych, i teraz jak ona jeszcze wyjechała z tym swetrem, to gniewu dreszcz go przeszył i uderzył w szafę pięścią, a potem głośnikiem jeszcze, najpierw wyrzucił wszystko z półek a potem z wieszaków całą resztę, i wrzasnął jak zwierzę: „co masz ubrać? Zrób se coś z gazety! A najlepiej na nago rozbierz się, może cię ktoś przeleci!" i dla zapamiętania lutnął jej jakimś gzymsem z szafki wziętym, jakimś przedmiotem, ale chyba wziął za ciężki, bo nagle poczuł jakby takie kłucie w piersi, chyba się ostatnio przemęczył, pracował za ciężko, w papierosach i atmosferze stresu, w klubach alkoholem musiał się z Szymonem zadręczać, w noszeniu torby i odtwarzacza radiowego z samochodu go wyręczał, jednak teraz wiedział: nie można zdrowia dla muzyki i sztuki poświęcać, bo oto nagle coś go tak zakłuło w piersiach, jakiś taki napad ciśnienia, zaburzenia serca, i na twarzy musiał dostać rumieńców, bo za ręce go złapała nagle Anna Przesik. „Ej Stachu" – powiedziała – „achu achu i do piachu, chyba nie jest nic ci?" – choć było ewidentne, że trochę z jego niedoli się cieszy. „Zamknij się dziwko, przez zdenerwowanie mojej osoby przez ciebie mam napad serca"

„O cholera", na fotelu dysząc ciężko usiadł był i tak dysząc siedział, a ją odpędzał, bo drażniła go, że się tym wszystkim emocjonalizuje i nakręca,

„spierdalaj głupia lamero, lepiej te rzeczy pozbieraj, to przez to, że tak się w tym domu wartości materialne poniewiera" – tak jej powiedział, pijąc do rysowania przez nią raz niejeden w na nim zemście AGD i RTV sprzętów, ale teraz wszystko mu już było jedno i mogła mu nawet wziąć widelca i porysować mu żołędzia, jakie to ma znaczenie w obliczu immanentnego charakteru śmierci. I przypomniał sobie z książki *Ziemią leczenie* dr. Sancho Perez, który jedząc codziennie parę łyżek ziemi siłą woli z raka płuc się wyleczył, afirmację pozytywną: „W rytmie miłości bije moje serce", i powtarzał sobie gładząc się po całym ciele, „w rytmie miłości bije moje serce, elo, moje serce, lubię mnie, lubię siebie, spierdalaj dziwko, mówię ci, bo to przez ciebie. Zawsze ci to chciałem powiedzieć, że głupie jak psa but były te twoje wiersze, ani bez rymów, ani bez sensu, wiesz co to jest neolingwizm, ty? Jest to że pies by lepsze wiersze napisał jakby mu dali kij, to jest neolingwizm, że cię wsadzili w ten gips to cały osiągnięć twoich artystycznych twój spis". Polemik Anny Przesik żadnych nie chce słyszeć, bo jego wypowiedzi są rodzajem odpowiedzi nie wymagających uprzednich pytań, i jeszcze parę razy mówi głośno: „ty zawsze ja nigdy! ty zawsze ja nigdy!" – aby ją przekrzyczeć, ponieważ jest oczywiste, że ten argument choć mglisty zawsze jest prawdziwy, a kto mówi głośniej, ten każdą utarczkę słowną z łatwością wygrywa.

A teraz szedł w śniegu z deszczem, 31 grudnia, wieczór, sylwester i przypominał sobie to wszystko, i pamiętać nie chciał, tyle razy sobie obiecywał, że już denerwować się nie będzie, że nie da prowokować się do złych cech w swoim charakterze, do upokarzającej go agresji, ile razy robił assany i liczne ćwiczenia na rozszerzenie pamięci, jak być asertywnym i jak swoją osobę na bardziej jeszcze lepszą zmienić, tyle książek miał, całe psychologiczne serie, całą biblioteczkę, *Jak zarobić dużo pieniędzy, Buddyzm zen, Nauka billardu* czy cośtam Roman Kurkiewicz, *Zrozumieć siebie w weekend, Jak pokochać bardziej siebie* i wszystkie przynajmniej przejrzał, a niektóre nawet przeczytał od deski do deski, no Szymon, chyba takiemu oczytanemu koledze dać się zabić to dobry rodzaj śmierci, no Szymon, dlaczego nie chcesz, nie odbierasz, ukrywasz się gdzieś, czemu uparty tak jesteś, to on tam na własny koszt taksówkę może nawet weźmie i dojedzie, życie to nie jest nic takiego świetnego, sam to przyznać zechciej, już i tak żyjesz długo i nic nie wynika z tego, daj się zabić więc, bądź kolegą, elo.

Teraz krótkie podsumowanie z przypomnieniem: miejsce akcji – Warszawa, czas akcji – 31 grudnia, sylwester. Bohater Stanisław Retro wspomina czasu przeszłego zdarzenia rano mające miejsce a także wcześniej. Sylwestrowy wieczór spędza jednocześnie idąc ulicą w celu życia pozbawienia swego Szymona kolegi. Piosenka ta powstała z funduszy Unii Europejskiej, Kultury i Sztuki Ministerstwa i fundacji „Bez barier porozumienie" Jolanty Kwaśniewskiej. Nie należy się zniechęcać niezrozumieniem piosenki. Przez jej oczywisty poziom literacko mierny spowodowane jest to. Była naszym zamierzeniem taka słabość tekstu, aby niemożliwość przeczytania go nie powodowała kompleksów, wynikając nie z umysłowych braków i inteligencji uszczerbków, lecz właśnie z oczywistej mierności i nieczytelności treści. Piosenka ta powstała z funduszy Unii Europejskiej. Ma na celu zwiększenie liczby głupców w społeczeństwie.

A więc jak już domyślił się czytelnik – sylwester, feralny rzeczywistości przester, Stachu w fotelu siedzi, palpitacją serca ogarnięty, to było koło trzeciej. Że nie umrze wiadomo przecież, to fabularny byłby bezsens, ale po tym całym zajściu z przez Annę Przesik do swetra ubrania okazywaniem niechęci, na fotelu siedząc w tym napadzie serca, ogarnęło go poczucie iluminacji, tematu śmierci całkowitego przeniknięcia, on nie wie, może to nawet śmierć kliniczna była, nikomu teraz nie udowodni, że to naprawdę się zdarzyło, ale siedział jęcząc i nagle miał takie uczucie, widział to jak przez folię, ilu jak wiele umarło już na świecie ludzi i że jedna ziemi grudka w zagłębieniu buta to ilość osób zmarłych tak duża, a każdemu z nich własna śmierć wydawała się kiedyś nierealna równie, każdemu zdawało się, że każdy, każdy inny człowiek może umrze, nawet brat i nawet matka i ktośtam, Anna Przesik jej siostra i kuzyn, ale on jakimś cudem będzie żył już zawsze, a nawet jeśli śmierć zdarzy się jemu również, to zaraz następnego dnia wszystko zniknie, rzeczywistość się jebać pójdzie, zamkną telewizję, gazety nie wydrukują i położą się na ziemi wszyscy solidarnie ludzie i będą już zawsze tak leżeć i się też nie ruszać, krzycząc, że na twoją śmierć się nie zgadzają i prostestują, i żyć już na świecie bez ciebie nie chcą więcej, bo bez ciebie nie umią, nie ma chuja, my protestujemy, bez Stanisława Retro żyć tu nie będziemy, zamkniemy te wojny, kurs walut, ekonomiczne problemy, położymy się i nie wstaniemy, póki nie wróci Stachu z wyprawy do wnętrza Ziemi!

O nie nie, on tak kiedyś myślał, ale co najbardziej jest smutne, to że doszło do niego nagle, że tak nie jest i o kurwa. I wyobraził sobie swój pogrzeb, bez szumu i bez tłumu, bez w Radiu Zet godziny Wu, bo ktoś spieprzył promo jego nowego albumu, przyszło parę gości, matka, ojciec, z podstawówki parę osób, ale transparentów żadnych nie niosło, mimo jego braku życia, życiowej jego nieobecności słońce wzeszło i wkrótce będzie wiosna, z pogrzebu wrócą, pójdą po jakieś zaku-

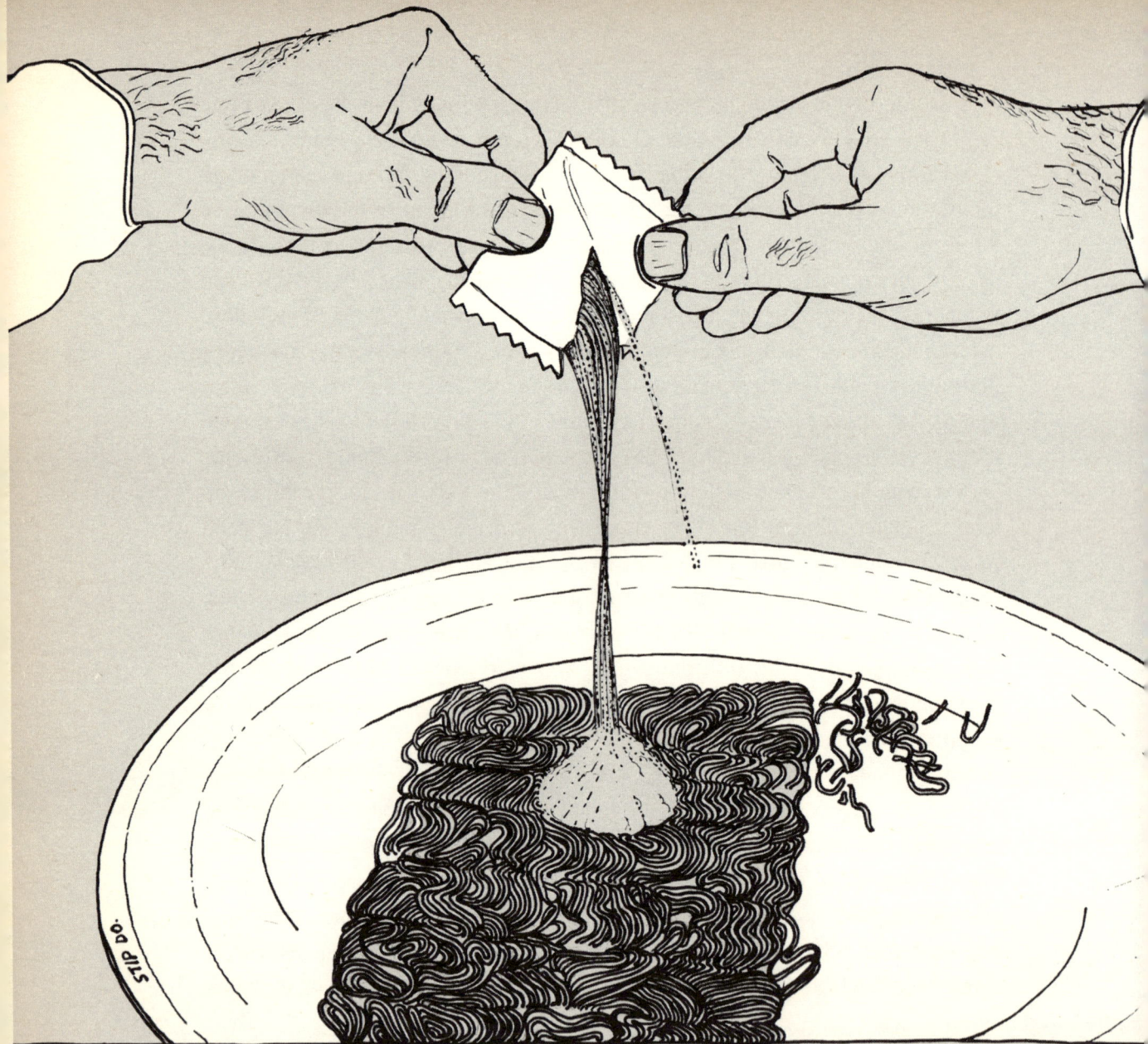

... ZUPKĘ CHIŃSKĄ POSTANOWIŁ SOBIE ZROBIĆ, TROCHĘ SIĘ USPOKOIĆ, NIE ZWRACAĆ UWAGI NA ASPEKTY ŚWIATA NIEWESOŁE ...

py, a wieczorem na Koniów do Stodoły koncert, Szymon za jego obiecaną kaskę kupił sobie wiosło, i to jeszcze nic, ale co jest najgorsze, że w internecie bezkarnie wszyscy kreślą jego jako masona obraz i zobacz, nikt nie chce z kłamstwami podłymi polemizować, wszystkie jego dziewczyny co miał w ostatnim roku nic sobie ze śmierci jego nie robią, fanki łażą za kim popadnie i innych wokalistów biorą w usta członek, występują w telewizji w programie o nim, i widział też jak na pytanie zadane przez prowadzącą: „czy Stanisław Retro bił was i kopał? Czy nieraz cały wieczór bekał i pierdział nic nie robiąc, czy uzależniony był od gier komputerowych, czy do tendencji homoseksualnych był skłonny, Anno odpowiedz?" I że one tam siedzą ucharaktyryzowane i zrobione, i na każde pytanie dają pozytywną odpowiedź, i zdradzają sekrety podle, że zostawiał na stole obcięte paznokcie, za jego czasem szorstkość i zestresowanie okrutnie mszczą się, w tanich gazetach opowiadając (Leśmian Bolesław) *Klechdy sezamowe* o jego osobie, ale przecież on jest z charakteru dobry, tylko trochę ostatnio nerwowy się zrobił. „No dobrze" – mówi więc Stachu, myśląc o sprzętów AGD i mebli priorytecie pzostania w całości – „Ania chodź tu, no po co się tak boczyć, nie chciałem ci sprawić tej z biciem przykrości, bo choć czasem muszę być surowy, to cię przecież bardzo lubię i kocham musisz wiedzieć o tym, ja jestem artystą wokalistą, ty poetką neolingwistką, taki związek zawsze rodzi trudne kłopoty, no powiedz jakiś swój wiersz, no Anka, no co ty?" I ona wtedy tam odpowiedziała cośtam, nie usłyszał dobrze, ale się z tym zgodził, bo chciał, żeby szybciej była jego mówienia kolej, bo chciał powiedzieć, że już lżej, ale w sumie cały czas tak samo mocno go to serce boli, i czy takich okoliczności wobec w chwili jak on umrze, to będzie chociaż jej smutno trochę? I zastygł tak, przymknąwszy oczy w oczekiwaniu na przychylną odpowiedź, pozytywne rozpatrzenie jego prośby, ale że ona w tym czasie sobie gdzieś poszła, i módlmy się, żeby tylko nie coś zniszczyć albo porysować, co za osoba, egoistka, jama chłonąco-trawiąca! Zupkę chińską postanowił sobie zrobić, trochę się uspokoić, nie zwracać uwagi na aspekty świata niewesołe, jeszcze w przestrzeń z nadzieją dodał: „BO GDYBYŚ TY UMARŁA, JA BYM NA PEWNO CZUŁ SIĘ NIEDOBRZE!", ale nie padła na to żadna odpowiedź, więc postanowił, że ona go nie obchodzi, i niech spierdala, niech u siebie w dupie przyjmie tych wieczorem całych gości.

31 grudnia, sylwester. W poprzednim fragmencie użyliśmy słów „bekać" i „pierdzieć". Jest to tak zwany komiczny efekt, jest to zabawne i śmieszne. Ten uniwersalny dowcip został ufundowany przez Telewizji program pierwszy, w celu uczynienia piosenki bardziej jeszcze zabawną i przystępną dla większej liczby społeczeństwa. Ta piosenka powstała za pieniądze z funduszy Unii Europejskiej. W zaprezentowanym właśnie fragmencie pojawiły się refleksje na temat tak zwanej śmierci. Celowo sformułowane zostały one przez osobę lat dwadzieścia jeden z wykształceniem średnim, która nie umarła jeszcze i nic nie może o tym wiedzieć, aby pojawienie się w piosence było tym bardziej ewidentne i zbędne. Naszym celem było stworzenie piosenki pozbawionej jakiejkolwiek treści, mogącej utrudniać integrację czytelników tępych. Piosenka ta ma umożliwiać jednoczesne oglądanie telewizji i jedzenie. Zawiera liczne składniowe i logiczne błędy, czytelnik znajdując je ma się cieszyć, że sam napisałby to wszystko znacznie poprawniej i lepiej.

Sylwester. Paluszki i słone orzeszki. Arlekin. Za manekin przebranie. Sztuczne ognie, zawarty w nich azotan baru. Co Staszek jadłeś w sylwka, bo ja er frąs i late cafe, i kąfeti, i fler di mal jadłem, a ty zupkę chińską? To też fajnie, tanie ale smaczne. Pożywny makaron, przyprawy, ekstrakt z kaczki, kawałki

kolorowych jarzyn i barwnych warzyw, wrzątek też smaczny, pełen niewidzial-
nych witamin, biochloru i zdrowych minerałów. Ja er frąs, sęk pies brew i mu-
reny wąs jadłem, ale jakbym miał wybierać, to zupkę chińską z kaczki też bez
zastanowienia wybrałbym. Ale wiesz. Tam straszna chujoza na tym *Z Końmi
sylwester* była w kwestii aprowizacji, jakieś sęk pies brew super kolacje,
a ani zupek, ani pizzy mrożonej, ani makaronu z koncentratem, osobiście ja ci
strasznie zazdroszczę takiej szamki dobrej, Staszek.

Coraz to nowe przypominały mu się Szymona zagrania i niefajne posunięcia,
które do decyzji zaprowadziły go tego kolegi złego morderstwa, tak więc w czasie teraźniejszym jest sylwester i Stanisław w Okrzei ulicę skręca, ale jeszcze
parę dni temu co było? Może to dziwne się wydać, ale był czas przeszły, grudnia
siódmy dwudziesty, niemiłych zdarzeń kumulacja, skurwysyństwa festiwal,
orkiestra i procesja. Na Woronicza Stachu jechał metrem, dlatego metrem, bo
na taksę nie miał pieniędzy, w środkach komunikacji miejskiej musiał przepychać się z plebsem, kosmetyków tanich smród osobistej pozory higieny, zarazki,
średniowiecze, o siedzące miejsce fizyczna walka, w twarz czyjeś chuchnięcie,
okrutna życia prozajka, owszem lubił bardzo osoby biedne, lubił nędzę, ale raczej
platonowską taką nędzy ideę, w tym mnóstwo jest poezji, ale nie jak stoją obok
ciebie, jeżdżą z tobą jednym metrem, lubił nędzę, ale nie wszędzie i nie wszyscy
naraz, Szymon nakręcił mu ten niby występ w programie całym, „pójdziesz tam
i sam, to wyniki polepszy sprzedaży, i jakaś gotówka przy okazji się trafi", choć
Stachu nie był dobry w te klocki i popytu od podaży odróżnić nigdy nie potrafił,
ale jechał tym metrem dalej, Mokotowskie Pola i Politechnika stacja. Narastały
w duszy przeczucia najgorsze, psuje nozdrza czyichś smród zębów niezdrowych,
z gitarą pokrowiec ściskał mocno, jak od jedynych drzwi klamkę urwaną w dłoni,

ale chodziła za nim myśl ciągle, że o wzięciu jakiejś większej torby kompletnie zapomniał albo reklamówki jakiejś chociaż, teraz całe nagranie będzie sobie pluł w brodę, odbierając jako osobistą potwarz niemożliwość kateringu zagrabienia do domu, no zapomniał kompletnie był popatrz, a tu to, śmo, paluszki, dwulitrowa kola, tyle dobrych resztek zostawionych, ktoś kanapkę bierze i zostawia nadgryzioną, zajebałby tak marnację powodującego kutafona, trzeba zjeść do końca jak coś wziąłeś ze wspólnego stołu, a jak nie masz ochoty to dla innych osób zostaw bardziej głodnych, takim skurwielom powinni cementem pozalewać żołądki. To jedno, przyjechał tam na Woronicza i się rozgląda, dwa że jakieś balony, dekoracje jakieś z prądów świecących, noworoczny to chyba jakiś program, z krepiny napis utworzony „witamy nowy rok" i „rok piąty dwa tysiące", jaką tu by teraz piosenkę więc zaprezentować, *Warever you go* czy *You never I always*, która bardziej jest sylwestrowa, noworoczna, treści Stach nie rozumie za bardzo, więc ocenia po melodii, ale w tej drugiej z wymówieniem refrenu słów ma problemy i kłopoty, jak tam były słowa? Przypomnieć musiałby sobie, niedobrze, ale co to, oto się z nim chce zapoznać program prowadząca Małgorzata Mosznal, i co to, cynicznym śmiechem wybucha na widok z gitarą pokrowca w Staszka dłoniach: „ależ panie Staszku, cenimy pana utwory tak owszem, ale to nie jest o gitarach raczej taki program" i „niech pan to sobie tam odłoży, powiem, żeby popilnował panu tą zabaweczkę nasz dźwiękowiec". Stachu przeciera ze zdziwienia oczy „mówił Szymon, że to miał być taki występ, koncert". „Ale jakiego Szymona?" – jest absolutnie zdziwiona jego słowami prowadząca, jakby w ogóle nie było w kalendarzu takiego imiona, i szybkim krokiem odchodzi, bo musi ćwiczyć oklaski komputerowo symulowanej publiczności.

No to Stachu zobacz, mała zaskoczka, ale ty nic po sobie nie pokaż, ty spokojnie, ty jesteś spokojny, ktoś chce cię do gry swej chujowej wciągnąć, ale ty nic po sobie nie daj poznać, bo twoje serce rytmem bije miłości, lubisz ciebie, lubisz siebie, czytałeś *Ziemią leczenie* dr. Sancho Perez i dasz się im w chuja zrobić, bo jesteś dobry, Szwecja duchowym jest twoim przylądkiem, a twoje serce bije rytmem miłości, rację mam, mówię dobrze?

A dalej było tylko więcej i gorzej, Staszek by oponował, ale myślał, że to tylko śni mu się jakiś senny koszmar, więc nie zareagował, gdy w wirujących ciągach potwarze, za potwarzą potwarz, śliny bladej salwy w twarz, myślał że to tylko koszmar. „A ja za twoimi piosenkami jestem Stan szalona!" – mówi Małgorzata Mosznal, prowadząca czyszcząc mikrofon paznokciem. – „Stan – chyba mówić tak do ciebie można? To *Warever you go* to ja znam na pamięć nawet słowa, w pewien sposób identyfikować się z nimi jestem skłonna, 'hey boy however you and me always, no say no, no say yes', słucham tego w domu, w samochodzie, ćwiczę przy tym aerobik, grill w ogrodzie robię. Szczerze, to wszyscy byli przeciwko, żebyś tu występował, o homoseksualny twój charakter chodzi to wprost powiem, producent mi mówi 'Małgocha, niech skonam, nie dawaj mi tu tylko tego pseudoartysty tego gejomasona', ale tu słowo tu pięć słów tu trzy słowa, tu z fundacji dotacja Pro Homo i nie chcę się chwalić, ale udało mi się ten projekt chory bo chory, ale przeforsować!"

A dalej było tylko gorzej i gorzej, wykonała jakiś gest poufały w kierunku jego jąder, mrugając raz jedną raz drugą raz powiek obojgiem: „Ale powiedz szczerze Stan, z tym że jesteś homo, to chyba na rzecz promocji tak ściemnione, ale jak jest z tym masonem? Czy rzeczywiście jest bez tej skórki twój, że tak powiem, członek?"

Zszokowany jest Stanisław wypadków niedelikatnym tak przebiegiem i rozwojem, wstydzi się, wypieki ma wiśniowe, czytelnik może wyobraża sobie, że on sam jeśli chodzi o jego osobę na insynuacje takie od razu by zareagował, dekoracje zerwał i podeptał, prowadzącą zgwałcił i czymś leżącym w pobliżu zamordował, to się tak zdaje każdemu wyłącznie, tak spontaniczny tak groźny wobec oszczerstwa się zdaje sobie człowiek, a gdy przychodzi ta chwila, tylko stoi stoi stoi we wstrząsie, psychologiczną bronią obezwładniony, ze złamanymi grabkami i wiaderkiem szczyny czyjejś pełnym w dłoni i ślina blada mu cieknie z ust dziwnie uchylonych, o Boże.

Tak właśnie Stachu teraz stoi siłą argumentów porażony Małgorzaty Mosznal, która rajstopy w uniesieniu sobie podciąga, on jest jak zwierzę, które szmer usłyszało cichy lecz niepokojąco siebie obok, po głowie chodzą jak armia wesz swędzących podejrzenia niejasne pełne nagłych obaw, później jeszcze powróci ten wątek, ponieważ nie były one nieuzasadnione. No i Stachu od razu by odpiął mikrofon i stamtąd poszedł, gdyby tylko nie był tak głodny, gdyby na kateringu nie liczył zjedzenie i wzięcie jeszcze do domu. „Moje serce bije rytmem miłości" – powtarza wciąż sobie, żeby trochę się uspokoić. „A ten nasz program to nowy jest program"– wyjaśnia Małgorzata Mosznal – „dla telewizyjnej jedynki o opiniach obiektywnych i słusznych poglądach. Kilka pytań, twoja na nie odpowiedź, zaraz dostaniesz kartkę i wszystkiego się dowiesz, ale teraz charakteryzacja, a katering po programie potem". A on jest tak strasznie głodny! Ale nierealna aprowizacja, albowiem teraz charakteryzacja, żeby nie świeciła się tafacja, racja, no ale coś tu nie styka, coś jest dziwnie, jakaś kicha, „za krótkie rzęsy on ma"– mówi jedna babina, druga już mu sztuczne dopina, („kto to jest? – szepczą o nim, „to jakiś niby Stanisław"). W ogóle przyzwyczaił

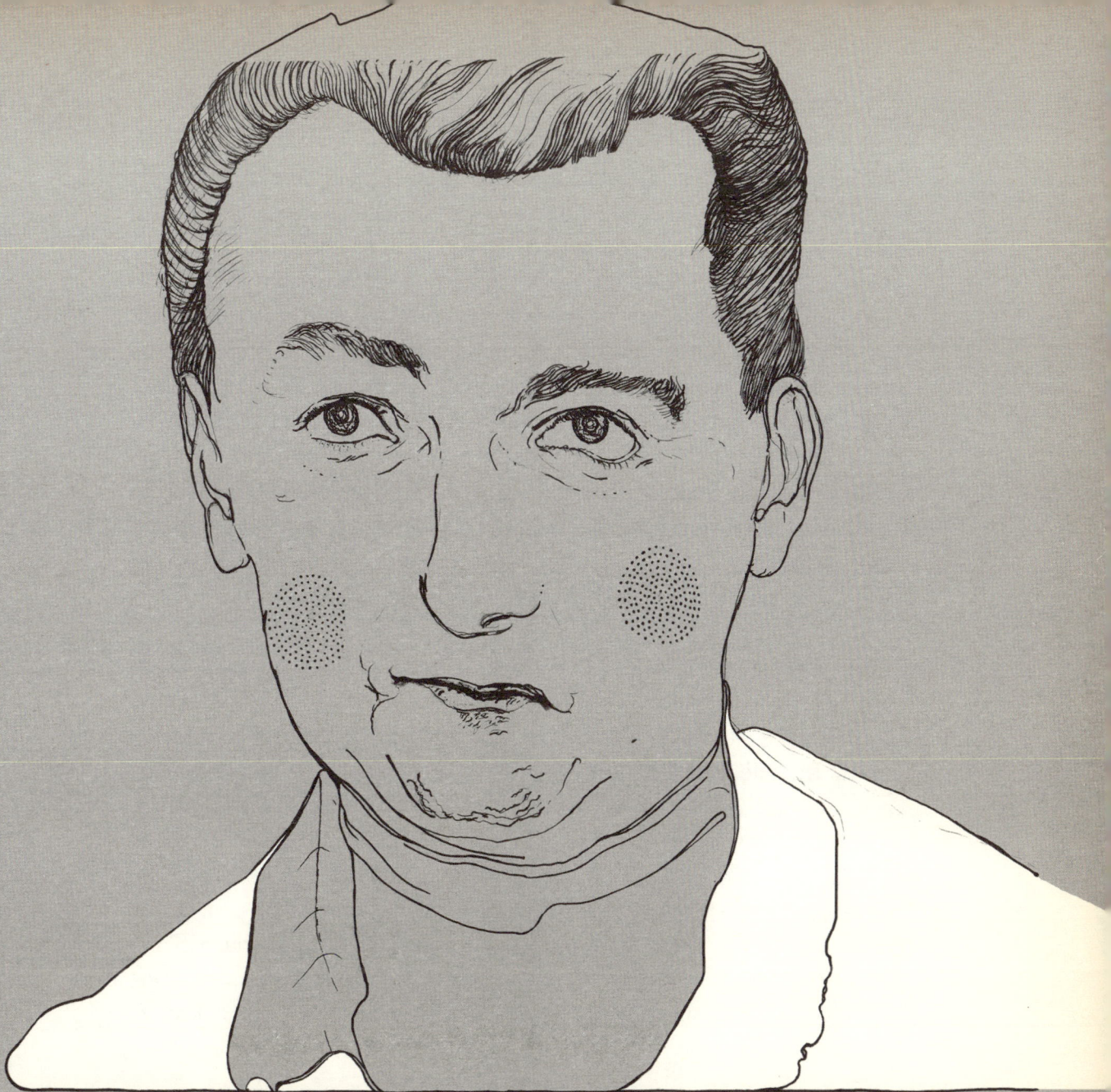

. ZSZOKOWANY JEST STANISŁAW WYPADKÓW NIEDELIKATNYM TAK
PRZEBIEGIEM I ROZWOJEM, WSTYDZI SIĘ, WYPIEKI MA WIŚNIOWE...

się, że robią w programach ten makijaż, te gipsy różne, aby nie szedł poblask potem od ryja, ale jeszcze nie widział, aby go na starą pudernicę zrobili, jakieś kolorki, jakieś błyszczyki i cekiny, on tu czegoś nie kmini, i dlaczego koszulkę i spodnie mu zabrali. „Tego pan mieć nie może, bo to jest ogólnopolska gala", i jakieś obcisłe wciskają na niego łachy, metaliczne spodnie i kubraczek z fali-stej blachy, „bardziej kobieco!" – krzyczy reżyser, który spod ziemi się zjawił, „ejże" – mówi Stanisław – „ale ale!", gdy go rozbierają, ale już nie ma swojego ubrania, w jakiejś cynfolii poowijany cały i tak zobaczą go jego fani, walczy ze sobą, żeby się nie rozpłakać, jak z wąsami wygląda jakaś lalka, Mończyka Czarka kalka, lecz nie ma na to czasu, bo oto już pojawia się prowadząca Mosz-nal Małgorzata: „tu Staszek dla ciebie jest kartka z tym, które będzie zadane ci pytanie, a pod spodem jest odpowiedź, której musisz się szybko nauczyć na pamięć, przynajmniej treść i główny przekaz, najwyżej dopowiesz własnymi słowami, i szybko się naucz, bo zaraz zaczynamy już nagranie".

Co?! – myśli Staszek – jak to?!!, bo wciąż jeszcze oszołomiony jest aparycji swojej niekorzystną sytuacją, wizualno estetyczną porażką, a tu coraz brutal-niejsze okazują się realia, nauczyć się w minut parę na pamięć odpowiedzi z kartki? Dla inteligencji impossible mission niełatwa, patrzy na otrzymany papier, a co tam jest napisane? Wielką czcionką na górze „UWAŻAJ Z NA-MI", a już mniejszym drukiem, że powie Małgorzata: „Stanisław Retro, znany wokalista i piosenki gwiazda", i cośtam dalej, właściwie zbyt nie czytał do-kładnie, bo na tym się skupił bardziej co sam miał się nauczyć na pamięć, nie było to takie trudne wcale, miał powiedzieć tylko „tak" (na „dokładnie" lub „właśnie tak" łamane) i dodać „gorąco pozdrawiam (alternatywy sugerowane to "serdecznie" lub „roześmianie") wszystkich swoich fanów", i mały jeszcze taki aneks, żeby w razie jakichś pytań nieprzewidywanych się z osobą prowadzącą zawsze zgadzać, no to chyba nieszczególnie zadanie skomplikowane, może mózg miał trochę zlasowany od za dużo grania w tę nieszczęsną *Zatokę Pirata* i od ciągłych drinków „Zmierzch o Poranku", ale tyle akurat jeszcze to zapamiętać potrafił, słowa wspomniane powtórzył sobie parę razy aż powtórzyć je mógł nawet z kolejności zachowaniem, nie na darmo był kiedyś na kursach ze zrozumieniem czytania, i rozpoczęło się nagranie programu, które kateringiem smacznym ukoronowane być miało, ale my czytelnicy domyślamy się, że nie zostało.

Oto jak do tego doszło więc, oto jak to się stało, czas start, zapraszamy, wybuchły oklaski publiczności komputerowo sfingowanej, ktoś tam cośtam, witamy w najnowszym programie *Uważaj z nami*, sylwester 2005 wielka gala, piosenka tytułowa wykonywana przez zespół Konie (chciał ze złości o to na Szymona głowę z korzeniami wyrwać sobie!), której słowa niedawno w mentalny wżarły się mu obieg: „la la la dużo jest opinii, więcej jeszcze poglądów, jedne lepsze inne gorsze czy cośtam, tak łatwo w pajęczynę nieprawdy się zaplątać, je je je, ale ty się temu nie poddaj, razem z nami uważaj, razem z nami jaka jest prawda się dowiedz, razem z nami miej poglądy". Już po angielsku lepiej tą piosenkę nagrać mogli, to by brzmiała chociaż mądrzej, tak myślał Staszek, potem był ze znanym aktorem krótki wywiad o pozytywnym wymiarze aborcji, a potem on miał wchodzić, trochę z nerwów się spocił, ale przed wyjściem na scenę jeszcze raz tekst powtórzył sobie, wszystko miało być dobrze, teraz! – usłyszał szept reżysera i dym jakiś przez się przedostał, dzień dobry dzień dobry, wybuch oklasków komputerowych animuszu mu dodał, i już na środku wśród kamer i reflektorów, i ona tam stoi w blaskach i dymach Małgorzata

Mosznal, uśmiechając się z czułością, jak na obrazie jakaś Diana ludzkich serc królowa, czule go całuje, żeby pokazać na wizji jak znają się doskonale i dobrze, i wtedy odbyła się ta słynna rozmowa, która jak mu się przypomni, to znowu ma to migotanie przedsionków, z sercem negatywne kłopoty, bo gadać szkoda, z jaką wyjechała ona gadką, krótka prezentacja Staszka, że oto Retro Stanisław, wokalista znany wszystkim, muzyki popularna gwiazda, no racja, ale wtem całoliniowa rzeczywistości kompromitacja. „Staszek odpowiedz nam dziś na pytanie" – mówi Małgorzata Mosznal kładąc mu rękę na kolanie – „bo szczerość jest prymatem w naszym programie, zaprosiliśmy cię dziś do dysku- sji o mniejszościach homoseksualnych, czy do swoich tendencji homo przyzna- jesz się otwarcie? Czy wiedzą o nich również twoi fani?"

Cso?!! Ktho? Czy to jest, czy to też się zdaje?! Wszystko w miejscu nagle staje, grzęzną w surowym cieście tarczy wskazówki zegara, dziwne za chwilą każdą ciągną się smarki, szczerzą się Mosznal Małgorzaty zęby tak białe, jak- by gumę do żucia sobie przylepiła na nie, i dziąsła nad nimi jak kawał mięsa krwawy wepchnięty pod górną wargę. Niskiej śmieszności to są, co ona mówi, żarty. „Ale o co ci chodzi kobieto, ja nie jestem żadnym pedałem" – mówi Stani- sław głosem od gniewu i uniesienia obrzmiałym – „jeszcze mnie nie pojebało!" – i dla podkreślenia emfazy za poły metalicznego technoserdaka się łapie po- zorując jego na piersi ze zgryzoty rwanie, osiedle Reytana, a za każdym razem gdy powie słowo nieładne wulgarne, gromkie nieadekwatnie zagłuszają je oklaski – „ja nic nie mam przeciwko pedałom, ale jakby mnie facet obcy powy- żej łokcia złapał, to bym się pochlastał, jeśli chcesz znać mój opiniopogląd, jeśli chcesz znać prawdę". Tak krzyczy pełen za wszystko do wszystkich żalu, bo łzy łzy i tylko łzy, fałszu matnia, niesprawiedliwe oskarżenia niszczące opinię

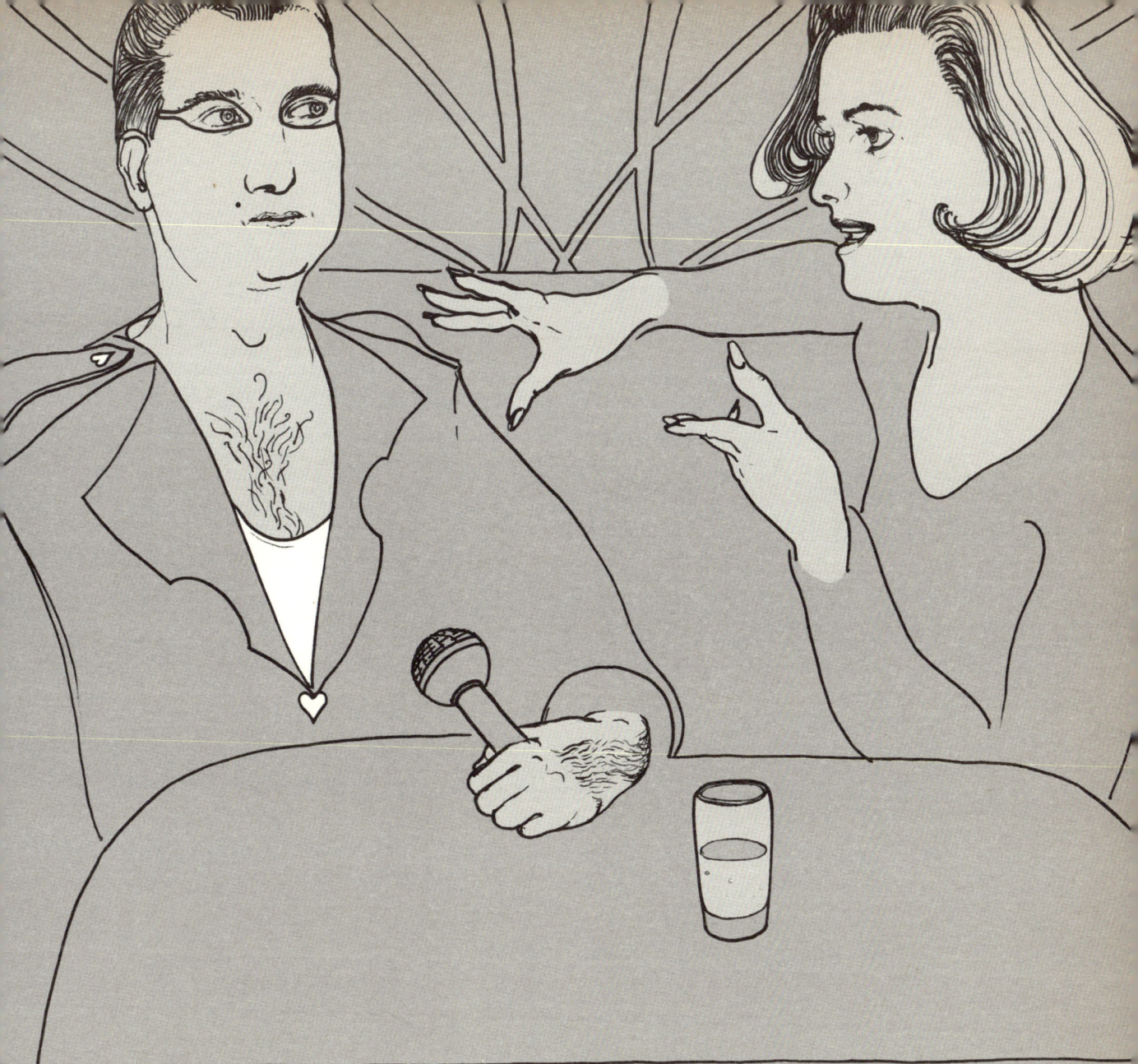

A DO CIEBIE STASZEK WRACAJĄC, BARDZO IRONICZNE
I ŚMIESZNE SĄ TE TWOJE ŻARTY...

kłamstwa, i widzi, jak wtem oczy Mosznal Małgorzaty drżą i narastają, jak daje mu jakieś znaki perystaltycznymi brwi ruchami, jak dająca do zrozumienia oczami „w gościach się nie kradnie!!" mama, a jej usta jakieś słowa mu podpowiadają, ale ponieważ nie reagować on postanawia na to, śmiechem perlistym wybucha raptem Małgorzata, udając, że to niby takie żarty superzabawne, i wtem w bardzo bliskim odstępie czasu w na jego słowa reakcji śmiech wybucha komputerowo symulowany, burzliwe zrywają się brawa i oklaski, jakieś widmowe okrzyki wesołe i rozbawione wrzaski, prowadząca z rozbawienia się po swojej sofie tarza, a potem pozory uspokojenia stwarza „żarty żartami, ale teraz na poważnie, jak z twoją homoseksualnością radzą sobie twoje fanki, Staszek?". To patrząc mu w oczy swoimi oczami jak dwa Icefresh cukierki martwe, uśmiechając się tym uśmiechem uprzejmym z wełny przyklejonym na klejącą taśmę, a potem w kamerę. „A my tymczasem zapraszamy wszystkich do audiotele głosowania na numer w dole ekranu. Pytanie brzmi: czy jesteś za czy przeciwko homoseksualizmem Retra Stanisława? A do ciebie Staszek wracając, bardzo ironiczne i śmieszne są te twoje żarty, buahaha!"

Jak dalej potoczyła się sprawa? To łatwo sobie wyobrazić, biorąc pod uwagę cechę charakteru Staszka o „ogólne zdenerwowanie" nazwie, tak się czuł, jakby ktoś mu waty do ust nosogardzieli i reszty przewodów napchał, więc werbalnych nie mając środków wyrazu żadnych, zaczął nadrabiać topiącej się osoby gestykulacją, rękami apoplektycznie machać, kubrak na sobie szarpać, za boki łapać tej kanapy, a wszystko to, aby się publicznie nie popłakać, lecz ku swej jeszcze większej rozpaczy, nagle nie wiedząc z przyczyn jakich, śmiechem wybuchł strasznym, i dopiero gdy się uspokoił jako tako to zobaczył, że przyczyną tej ostatecznej go kompromitacji jest palec łaskoczący go pod żebrami

Mosznal Małgorzaty, „co za ironia!" odezwały się z komputerowej publiczności komputerowo wytworzone wrzaski, więc się wyszarpnął jej i „ZGŁUPIAŁA PANI??!!" jak zwierzę zranione wrzasnął, zrywając sobie rzęsy jak plewy z oczu desperacko, ona zdziwienie udając i łopocząc powiekami słodko patrzy, i wtedy zrobiło się jeszcze niefajniej, bo w szarpaninie ogólnej jakieś rzeczy ze stolika na ziemię spadły, a wśród nich kupiony za z Unii pieniądze satelitarny supermikrofon. „oh non!" – wyje Mosznal – „ja proszę, tylko nie to!!" Nagranie stop! Ktoś biegnie, ktoś woła „pomocy!". Co gorsza w zamieszaniu śmiech komputerowy na ON się zafiksował i nie chciał wyłączyć, Stach korzystając z chaosu i realizatorskiej ekipy wstrząsu biegnie, rozgląda się za jakąś odpowiednio dużą torbą, „łapać mormona!!" – słyszy krzyki za sobą – „zniszczył mikrofon!". On biegnie i „organizator", „organizator"– woła wyjaśniająco do ochrony. Nie zachowałby się tak nieuprzejmie może, gdyby nie był tak głodny, gdyby nie z koncentratem makaronu nie jadł od dni wielu, alkoholizmu nie sponsorował Szymona, ściemnionego specjalisty od ściemniania mediów, dziewczyny nie miał głupiej, co puściła na fryzurę pół patola, ale wszystko co nałapał z kateringu to dwulitrowa cola, a teraz rozepchnąwszy ochronę na tramwaj biegł co sił w nogach, i buch w metro, znowu w tramwaj, i pędem do domu. I jak po takiej historii nie miał teraz mieć psychicznego dołu? Jak miał powstrzymać się od destrukcyjnej chęci morderstwa Szymonu? Tego nie wiedział może, lecz za to idzie dokąd i zabić kogo wiedział bardzo dobrze, i my czytelnicy również na pytanie to domyślamy się odpowiedź.

Więc ta afera z programem to jedno, a dwa co się działo potem, jak zadzwonił Szymon wtedy wieczorem, „Stachu szybko, Szymon dzwoni!", „No to idiotko nie mogłaś od razu mnie zawołać!". „Słyszałem, żeś narobił w TVP niezłego dołu i wiochy, że najlepszy popsułeś mikrofon satelitarno–multiobwodowy, że są koszty, a wszyscy mówią, że przez Polsat byłeś podpłacony, że podpłacili cię, żebyś rozwalił ten mikrofon. Musiałem nieźle się ich naprosić, ale mówią, że jeśli tą Mosznal pójdziesz tam i przeprosisz, to nie będą robić trudności, pójdą na ugodę, jeśli się zgodzisz na dogrywkę z twoją osobą, bo do o homoseksualnej mniejszości rozmowy bardzo koniecznie potrzebują kogoś". Bezsilności łzy w Stacha oczach na te słowa: „Szymi, ale szczerze mi powiedz, jesteśmy przyjaciółmi, to o co właściwie chodzi, no o co ten rozdźwięk? Ja chcę, ja tam przychodzę i jeszcze jakieś opinie, poglądy, to mógłbym zaprezentować, bo telewizję oglądam i trochę wiem o co chodzi, a oni tu mnie robią na zboka, przecież tak być nie może, jakieś tego, brwi tu mi jakieś poprzyklejali wokół oczu, w ogóle obciach, zabrali spodnie, tu cośtam, no to można się zdenerwować, i ja nie chciałem popsuć ten mikrofon, to wyszło kompletnie z czyjejś innejś strony, no ta cała Mosznal..." A Szymon nawet nie da mu dokończyć: „nie zboka, nie na żadnego zboka, tylko taka właśnie chyba była opcja, nagłaśnianie popularności, osoby twojej medialna promocja, sława i pieniądze, nie taka była opcja? A ty zamiast współpracować, z mikrofonami jakieś robisz dewiacje i sabotaż". I cośtam cośtam, jak się dalej ta przykra potoczyła rozmowa to już nieważne, ale do ideałów Stacha doszło starcia z Szymona merkantylną postawą wyraźnie, od tego czasu nie zadzwonił ani razu, a tu wiatr po klepisku przegania od zupek chińskich opakowania w mrokach mieszkania, które było może i owszem na osiedlu strzeżonym, ale przede wszystkim było jakie? Przede wszystkim niespłacone.

Jeszcze raz spróbujmy sobie wszystko przypomnieć. Zresztą brak orientacji w zdarzeniach też niczego nie przesądza, o niczym nie stanowi i niczemu jeszcze nie szkodzi. Piosenka ta powstała za z Unii Europejskiej pieniądze, w powstaniu jej i promocji również pomogły „Fakt", „Superexpress", „Viva", i Telewizja Polska. Zawiera ona liczne udogodnienia mające stworzyć warunki intelektualnie dogodne dla osób mentalnie chromych lub wyjałowionych z przyczyn od siebie niezależnych i przez siebie niezawinionych. Celem naszym dla każdego zrozumiałą było książkę stworzyć, książkę, którą czyta się w ten sposób, żeby nie trzeba tego wcale robić. Do napisania jej została wybrana autorka piękna i bardzo wysoka, tak aby ta książka mogła czytelnika ciekawić i interesować. Otwory w ciele autorki sklejono klejem Lancome do w ciele otworów. Dzięki temu nie menstruuje ona, nie poci się i nie oddaje moczu, co czyni tę książkę jeszcze bardziej zrozumiałą i interesującą. W ręce trzyma gumowy noworodek „My Baby" 153 złote. Kup go i bądź taka jak ona. Ta książka powstała za z Unii Europejskiej pieniądze. Ma na celu integrację intelektualną osób głupich w Polsce.

No więc sylwester. Nie jest to najlepszy dzień w życiu Stana Retro, ale również w Przesik Anny życiu nie jest to dzień najlepszy, wszystko od rana się pieprzy, choć tak pięknie być miało, mówił Stachu od dni paru, że genialny robi wałek, że kasą będą sobie pod czajnikiem podpalać i wycierać smarki, i ona czekała, jeszcze rano nadzieję miała, coś chciała sobie kupić do ubrania, coś co by odsłoniło niby przypadkiem tatuaż „Kultura Patriarchalna", i udowodniłoby, że po zdjęciu gipsu także jest ładna i sławna. Lecz rozwiana została ta fatamorgana przez ze Stachem, tę jatkę z rana, przez jego serca napad, a co się potem działo, to nie opowiadać lepiej, szczerze mówiąc kochała może nawet Stacha, ale dokładnie tego nie wie, bo najbardziej chyba miało dla niej znaczenie, że bardzo chciała stać się liryczną bohaterką jego piosenek „You" imieniem a na drugie „Baby", żeby wszystkie fanki oddawały mocz gorący w majtki pod sceną, że to wszystko jest o niej, Annie Przesik nie wiedząc, neolingwistce poetce, *I always You never,* to nadawało charakter lepszy od innych dziewczyn jej osoby egzystencji. Ale dopiero gdy się z nim związała, że ten jakiś Szymon Stachowi pisze teksty, wyszło na jaw, chociaż, że to on je sam pisze nadal przed nią udawał, szczególnie gdy w jakąś grę sobie chciala zagrać, wyglądało to zawsze samo tak, Stach przychodzi „to nie cierpiąca zwłoki sprawa, mam ważny utwór do napisania, więc stąd spadaj", i siedzi tak, pozory pisania stwarza, a widać, że na pasek ma ściągniętą *GTA* czy inną *Zatokę Pirata.* Nigdy nie dawał jej zagrać, „leć zobacz do kuchni Anka, woła cię jakieś brudne naczynie, chyba garnek". Zawsze jego priorytet jest ważny, a ona ma wyłącznie kibicować i klaskać, czas mierzyć, w jaki zabija daną negatywną postać, jego przerosty ega, jego katolicyzm i patriarchat (teraz już co to znaczy wiedziała), a jak już czasem do myszki ona się dorwała, to zaraz się spod ziemi w pokoju wyrastał, krzyczał, za ubranie na piersiach się ze złości szarpał, wskazówki wciąż apodyktyczne jej dawał, „to a to wciśnij, tego a tego zabij, no co ty wyprawiasz, po co tam poszłaś do tamtej komnaty, do reszty zgłupiałaś??!", egoista, spadkobierca głupiej kultury patriarchalnej, właściwie to zresztą chyba go nie kochała Przesik Anna. Poniżał ją i obrażał, jej wiek, wykształcenie, płeć i urodę nieraz podważał, jej wierszy neoligwistyczny charakter, talent, popularność i sławę, z 12–latkami ze Szwecji ją esemesowo zdradzał, dzwonić gdziekolwiek z telefonu zakazał i wciąż że za dużo zużywa wody i gazu ją oskarżał, że przez to są te z pieniędzmi problemy właśnie, bo gdyby mniej zużywała wody i gazu i światła do makijażu wszystko byłoby inaczej i jedliby z lepszej marki koncentratem lepszy makaron, aż tuż przed świętami goryczy czara się przebrała, znowu powiedział jej, że nie jest ładna ani sławna wcale, potem coś załatwiać poszedł do miasta, ona w domu

sama, napisać wiersz w nurcie wymyślonym właśnie chciała, to był interpunkcjonizm, układy z interpunkcyjnych znaków, wartki natchnienia płomień ogarnął ją nagle, to miało być coś naprawdę, krytycy zrobią wóz łajna. Do kompu-
tera więc usiadła i oto dlaczego hitem wiosny nie stał się interpunkcjonizm: na
„on" włączyła „neostrada" ikonę, i tak się złożyło, że rubrykę zobaczyła „załóż
własne forum". Kliknęła i po chwili myślenia, wpisała w rubryce „wpisz temat",
„co sądzisz o tym, że Stanisław Retro to impotent i pedał?". Potem zalogowała
się jako „Dziewiętnaście_Mirela" – tak uważam, że Stanisław Retro to impotent
i niezły kawał geja. Natomiast znam jego dziewczynę, to Anna Przesik, która
jest ciekawa, madra i piękna, bardzo to utalentowana neolingwistka poetka",
a pod spodem wpis zrobiła „zgadzam się z osobą poprzednią". Potem robiła to
coraz częściej, a nawet codziennie, wpisów na forum przez nią założonym łącznie z jej własnymi było już około tysiąc pięćset, „gnój, mason, pedał, skurwysyn
i syn plebejski", „chodziłem z nim do podstawówki i już miał te skłonności wtedy, miał dziwne takie kapcie, był słaby z ZPT i jakby spięty, już wtedy widocznie
był gejem", „do piekarni na Pradze, gdzie pracuję, przyszedł kiedyś. Był zaro-
zumiały, zrzucił z półki specjalnie dwa chleby, żeby pokazać, jaki to on nie jest.
Gdy po angielsku odezwałam się wprost do niego, to w ogóle nie potrafił słowa
powiedzieć, bo jest tak prymitywny, że nie umie nawet angielskiego. Chciał mnie
poderwać, strasznie na mnie leciał. Mój chłopak Adam, że skurwysyna za to
dorwie i jak psa zajebie powiedział. Na szczęście ta prostacka osoba nie jest
w stanie zabić naszego z Adamem szczęścia. Moim zdaniem, on nie ma ani sławy, ani talentu, ani pieniędzy, nie rozumiem więc dlaczego osoby w jego pokroju
robią karierę. Uważajcie na niego ludzie. kaska_lepdwadziescia jeden". Chodzi
natomiast o Annę Przesik jeżeli, to zdaje się, że popadła w od coraz nowych
forów zakładania uzależnienie.

Potem była ta afera z na fryzjera wydaniem złotych pięćset. Też ma czasem jakieś potrzeby, wyglądać jakoś też chce. Tylko połowę włosów jej wyrwał za to na szczęście, ale i tak zrobiła siedem wpisów w odwecie pod pseudonimem „Jan Englert" i „Xynthia_ dwadzieścia siedem", „Wiem od jego znajomych, którzy wiedzą to na pewno" – napisała wtedy – „że Stanisław Retro uprawiał seks z wężem". Ale chyba trochę przegięła z tym jednak grubym dość argumentem, bo choć nie zdradzał dlaczego, po tym wpisie osłabł i posmutniał nieco, a że go przeczytał wiedziała na pewno. I jeszcze nie mógł od tego jakiegoś Szymona wydobyć tych pieniędzy, no i pokłócili się o ten sweter teraz i skąd mogła wiedzieć, że on ma tę niedrożność serca, w każdym razie trochę bała się możliwości jego śmierci, ale również na pewno trochę ją ten fakt śmieszył i trochę łechtało ją to wyobrażenie, bo lubiła sobie wyobrażać Anna Przesik siebie jako filmu smutnego bohaterkę, „it is a widow after Stanislas Retro"– mówił zza ekranu lektor „she is in polonistics interested and she also interesting neolinguistics poetry", „his boyfrend is dead, Stanislas his name was", „she is beautiful so and her eyebrows are depilated off". Ale śmierć okazała się ściemą, minęła chwila i już Stachowi było lepiej, i może całkiem niesłusznie i całkiem niepotrzebnie, może gdyby zdechnął to by się zamknął wreszcie, może by się fajniej potoczył ten sylwester, i znowu głośne byłyby jej wiersze, ale nie, zaraz on jest w formie niż zazwyczaj lepszej, charakterystyczny z zupką chińską trzyma w ręce woreczek, członka własnego przedłużenie, potencji surogat, widać, że trzyma właśnie w dłoniach wszystko, co kiedykolwiek lubił i kochał, że gdyby mógł, to by się z tym dymał, ale trochę mu, bo jest głodny, zupki chińskiej dobrej szkoda. Jak kochać go w ogóle mogła kiedykolwiek? Przecież on ma cycki normalnie jak kobieta ten człowiek.

Wtedy jeszcze Stach do Szymona się próbował dodzwonić, a wieczorem mieli zaproszeni przyjść goście, najważniejszych w mediach dziesięć osób, ten tamten i Mak Robert, dziennikarz muzyczny negatywnie napisać mający o zespole Konie, i trochę Stachu zaczął panikować: „no Anka, jak chcesz to wiersz swój jakiś powiedz, posłuchać strasznie mam ochotę wolę!", bo myślał, że dzięki temu porządek i coś do jedzenia dla gości zrobi. A ją to nic nie obchodzi z czystej złośliwości, co patriarchalna kultura wymaga od niej, sorry, ona izolacyjnej taśmy fragmenty przykleja na rękę sobie i wyrywa z niej włosy, tym akurat ma teraz chęć się zajmować, zdrad i niszczenia życia koniec. On tylko przez zęby wysyczał: „okej, dobra, policzymy się potem", i wtedy wieczór zaraz się zrobił, i co się działo, aż opowiadać boli.

Trudną partię tekstu mamy za sobą. W powyższym fragmencie dziewczyna bohatera zdarzeń wersję opowiada swoją. Trudno się w relacji połapać, anglojęzyczne pojawiają się słowa „It's a widow after Stanislas Retro"– „to po Stanisławie Retro wdowa". Ta piosenka powstała za z Unii Europejskiej pieniądze. Zawiera praktyczne informacje uprościć jej odbiór maksymalnie mające, aby czytelnik mógł zamiast czytania jej telewizję oglądać, a jednocześnie w publicznym dyskursie biorąc udział od nikogo nie czuć się gorszy czy że coś przed nim zatajono. Jeśli konieczność lektury powoduje u ciebie uczucie trudności i nieprzyjemnej przykrości, to właśnie w tym celu został on stworzony przez wyselekcjonowaną autorkę pozbawioną jakichkolwiek zdolności, a przede wszystkim urody, abyś nie miał wątpliwości, czy to książka zła czy dobra, i spokojnie mógł ją odłożyć. Wybierając do napisania jej tak brzydką i głupią osobę, myśleliśmy również o odbiorcach, którzy lektury podczas odczuwają nieprzyjemne uczucie zawiści lub zazdrości, lub nie czytali tej książki, ale chcieliby coś w tej sprawie zrobić, choćby gest drobny. Jeśli więc mimo literackich ogromnych uzdolnień nie zadebiutowałeś ciągle, wpłynięcie na tej talentu pozbawionej autorki losy choćby poprzez parę słów surowych i dosadnych na temat jej brzydoty, intymną więź między wami stworzy i sprawi, że w towarzyskiej błyśniesz rozmowie jako oczytany i w poglądach niezależny swoich człowiek.

Sylwester. Grudzień cztery dwa tysiące. A koło ósmej mieli przyjść ci goście, i przyszli, ale koło dziewiątej i dwaj wyłącznie, ze swoją dziewczyną młodszą o połowę, w kwestii alkoholi ciężko doświadczoną już tego wieczoru, przyjechał na kawasaki sto osiem Mak Robert, dziennikarz muzyczny koło pięćdziesiątki dość wpływowy, przeżywający wielki come back na prasy łono dzięki publicznemu przyznaniu się do nadwagi i z otyłością kłopotów. Docelowo artykułu autor negatywnego o zespole Konie. Niestety jakiś spłoszony był i nerwowy. „Ojej ,a gdzie inni goście"– z fałszywym rozbawieniem zawołał już w przedpokoju, zdejmując kowbojki z klamrą złoconą, przeczesując na czarno farbowane włosy imponującej długości w lusterku kieszonkowym i szczerząc zęby o pasującym do włosów kolorze, również czarne, ale za to własne swoje i widząc wiatr po pustym hulający stole, zaledwie po zupkach chińskich parę opakowań plączących się po nim, i ogólnie nieporządek, którym mieszkanie na osiedlu strzeżonym było trącone, majtki z dniami tygodnia na środku porzucone, powiedział „ojej, a tu nieoficjalnie raczej tak, domowo", a jego dziewczyna młodsza sporo, w serialu aktorka, przechodzącej ulicą osoby odtwórczyni roli, chwiejąc się miarowo czknęła głośno na znak z nim zgody. „Parę miało wpaść dość ciekawych myślę osób, poczekamy jeszcze do dziesiątej"– Retro Stanisław znów dobrą minę do gry zrobił wiadomej, i wziął z rąk gości swoich

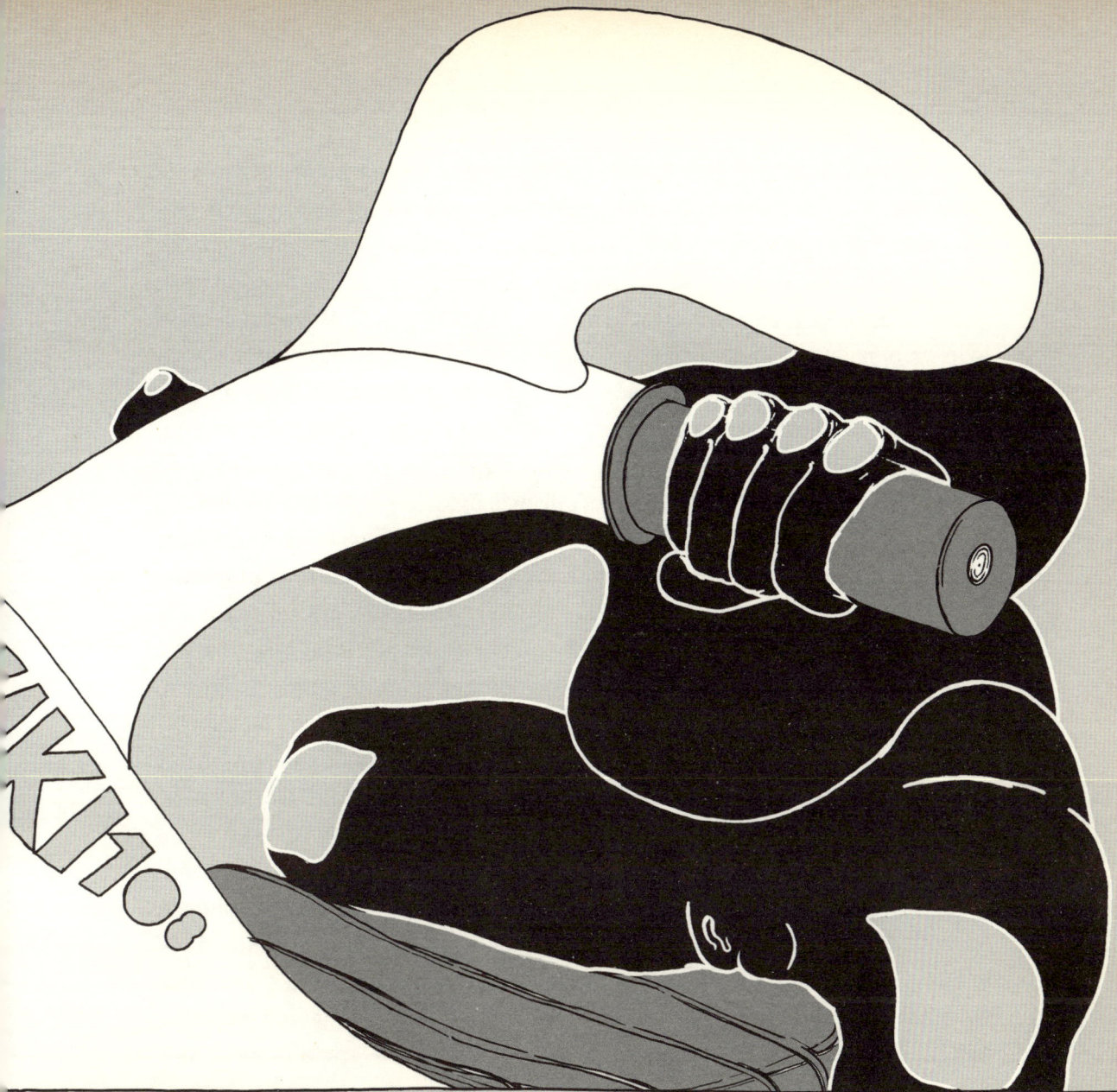

... PRZYJECHAŁ NA KAWASAKI STO OSIEM MAK ROBERT, DZIENNIKARZ MUZYCZNY KOŁO PIĘĆDZIESIĄTKI...

salaterkę z krewetkami z mrożonki, „Gardzę tobą"– rzekła Anna Przesik, gdy w szafce kuchennej ją schował, „że przydadzą się na potem jeszcze się przekona ona"– tak pomyślał Stachu, a na stole postawił miskę z suchym makaronem, i solniczkę postawił obok, „komu przekąski"– uprzejmości pozory stworzył. Dziwnie trochę spojrzał się Mak Robert, może też dlatego, że zeza miał obu oczu, tymczasem wszystko było coraz jakby gorzej. Może momentem było przełomowym, kiedy próby zdjęcia kozaków przez dziewczynę Roberta okazały się płonne i się nie powiodły, mimo prób pomocy, i w miejscu gdzie siedziała dwa ołowiane bajora znaczyć zaczęły podłogę, chociaż imprezy był dopiero początek, więc czy dziwić Stachowi się można, że czarny foliowy worek pod buty jej podłożył, przecież i tak prawie była nieprzytomna i oczu miała otwarte wyłącznie połowę, a to było wszystko niespłacone, i dywan z Ikei, i podłogi, Robert w skarpetach siedział, przynajmniej on kultury miał trochę, ale jakiś nieswój był i jakby unikał oczami jego wzroku, nie palił się do rozmowy, to wartość konstans sprawdzał liczby łańcuszków i pierścionków, to w gry zaczynał grać na telefonie, to bawił się sygnetem z czaszką na palcu złotym, no i ogólnie atmosfera od początku zsiadła siadła jeszcze bardziej od tego incydentu z workiem, a Stachu, aby wszyscy poczuli się swobodnie, powiedział „poznajcie się Robert, to jest Przesik Anna, bezrobotna", no fakt, trochę chciał jej tym przykrości zrobić, „hmm, parę złotych miałbyś może, to Ania skoczy po jakiś alkohol" – zaraz potem dodał, zdziwił się Mak trochę, ale wyjął portfel, ale wtedy ona „nigdzie nie idę"– zaczęła stawiać opór, więc sam przeklinając poszedł, a był kawałek drogi do Świata Alkohole, a skąd ma on wiedzieć, co oni tam sami robią? No ale dobra, przyniósł cztery wina „Soffia", niedrogie choć zdaje się markowe i dobre. Wyraźnie cichnie rozmowa jak on wchodzi, jest już po dziesiątej. „To nikt nie przyjdzie nas oprócz?"– spytał Robert znowu, o Maryjo i Boże! Czy zamknąć się wreszcie ten koleś nie może? A jego dziewczyna jakieś czterdzieści lat od niego młodsza czka głośno i rytmicznie jak snu tego złego metronom. „Przyjdą, ale później"– mówi Stachu, bo już nie ma cierpliwości. „To znaczy kiedy?" – pyta Mak. Mówi mu Stachu: „potem", zbyt nieco gwałtownie, niech będzie wreszcie – myśli – ta dwunasta i niech się ta farsa skończy. „No częstujcie się makaronem" – zachęca i posypuje go solą. Anna Przesik pijana jest już dosyć, bo nie wylewa za bez kołnierza sukienki swojej kołnierz, przy czym dziwnie jakoś wygląda, plamy zakwitły na jej dekolcie jak maki pod Monte Cassino czerwone, twarz jak wyprana w wodzie za gorącej, napina się i idą przez nią jakieś prądy, jak chmura elektryczna stoją jej włosy, tak się rzuca na jej fizjonomię wewnętrznych przemian proces, który właśnie ona przechodzi, nienawiści pełnym śledząc Stacha kroki wzrokiem jak czubkiem noża, jak noża ostrzem za każdym ruchem jego wodzi. „Radio włączymy może" – proponuje pojednawczo Robert, w podbródkach licznych robiąc sobie porządek, ale posunięcie nie jest to dobre, bo jak na złość zespołu Konie wałkowane są przeboje, „Wiele jest opinii, jeszcze więcej poglądów, ktoś ci powie: usuń ciążę, ktoś inny: nie rób tego chłopie". O Boże, Stachu mówi: „ale chujoza!", czekając aż Robert go poprze, bo zawsze negatywnie rozmawiali o tym złym i nieutalentowanym zespole, ale o zgrozo, doczekać coś się nie może, o krytyce negatywnej z Maka strony nie ma teraz nawet mowy. „Co ty, uważam, że całkiem są dobzi" – mówi niby nic Robert i w popłochu się za drzwiami w razie czego rozgląda i ewakuacyjną ewentualną drogą, ale Stachu nic nie daje po sobie poznać, „moje serce bije rytmem miłości", dzięki jodze całkowity okazuje teraz spokój, chociaż gniew straszny opanowuje go i chęć mordu, „dobzi mówisz... a co słychać u Szymonu?". „A Szymon dobrze" – mówi Robert przez interlokutora zachęcony – „to bardzo zdolny chlopak, świetny z tymi Koniami medialny nakręcił projekt, podał do wszystkich gazet, że to osoby umysłowo chore, i trafił w dziesiątkę, prawdziwym wydarzeniem jest teraz każdy właściwie ich koncert, bo w pewnej chwili wychodzi na środek i padaczki napad symuluje jeden z członków, a inni bełkoczą i robią ślinotok, i publiczność ze śmiechu w majtki mocz oddaje podobno". „Aha... to bardzo fajny projekt ...tak myślałem, że coś robi, bo nie mogłem ostatnio się dodzwonić", „A bo tak, a bo zmienił Szymon numer telefonu". „To jeśli możesz, podaj mi go proszę" „Niestety, Stachu sorry, Szymon zabronił dawać postronnym osobom, naprawdę sorry".

Nieee... być nie może... Stachu w fotel calkiem nowy wpija paznokcie, z twarzy na wolność wyrywają się mu oczy, moje serce – powtarza w myśli sobie – bije rytmem miłości, jestem rolnikiem, stodołę mam sporą i uczciwe w niej konie. W chałupie siedzę na bronie, jajka gotuje żona, dzieci z rączkami śpią na kołdrze, na orędzie prymasa czekamy przed telewizorem... Choć serce jego też tendencje separatystyczne przejawia względem klatki piersiowej i chce z niej wyskoczyć, nawet ono chce Stacha zostawić na lodzie tej do innych niepodobnej nocy, ledwie oddycha, bo również płuca chcą do rebelii się podłączyć, tylko spokojnie Stachu, tylko spokojnie... „a ty co tak cicho siedzisz, ze stołu posprzątaj" – mówi do Anny Przesik dość może głośno i nieco za gwałtownie, gdy tylko zdoła ochłonąć z negatywnych emocji – „jakieś worki się walają tutaj proszę a siedzi ona, baronowa, noga na nogę, pies ze wzwodem cię wąchał moja droga. Raz dwa proszę to pozbierać i natychmiast wyrzucić do kosza". „A ty, Robert" – do Maka się zwraca również surowo – „też nie siedź jak dziewczyna sprząta, zobacz, ile nawlekliście z sobą błota, ty i ta twoja kokota, do toastu zostało jeszcze czasu sporo, więc nie siedzieć tak, tylko do roboty! Jak

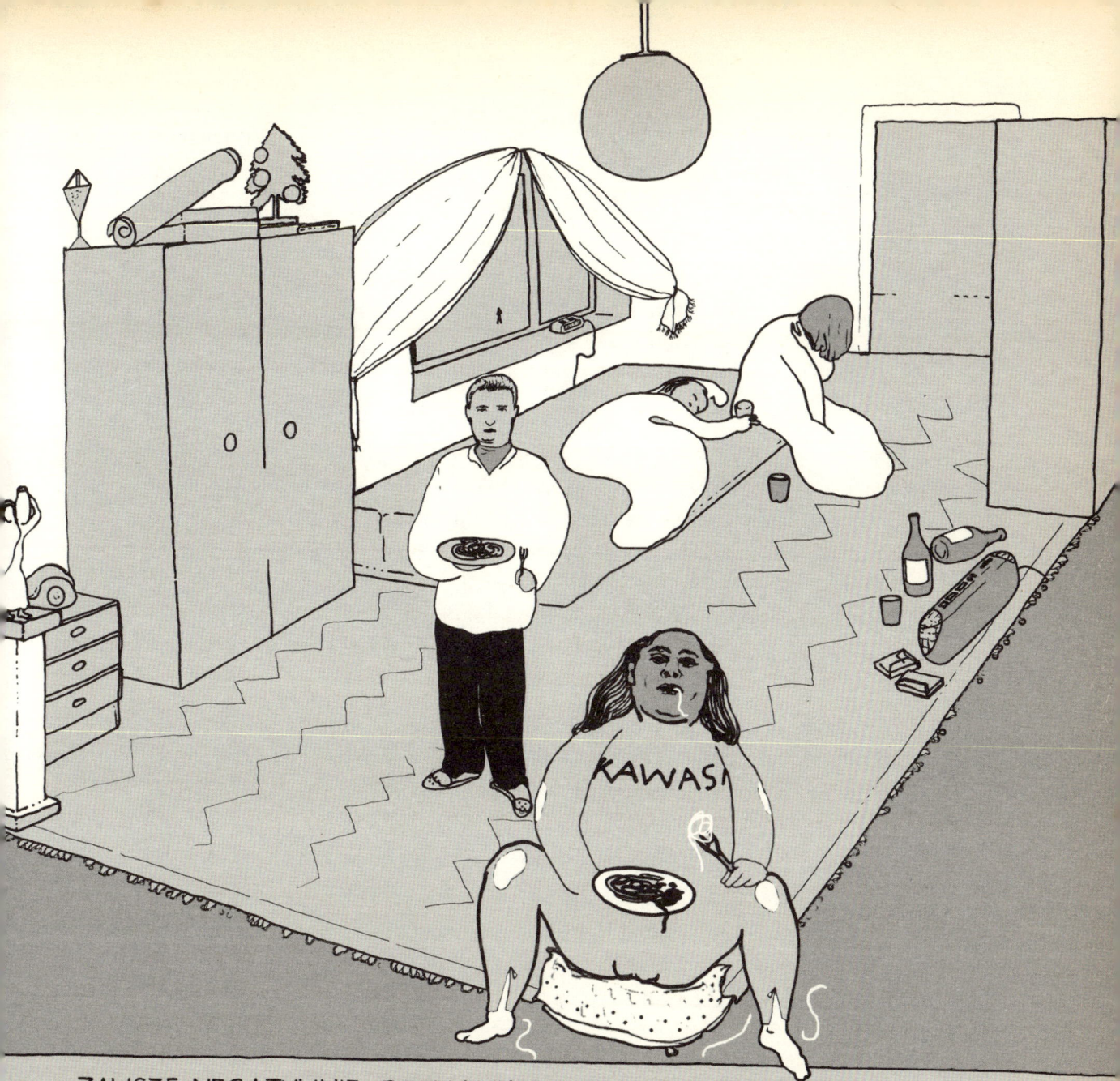

...ZAWSZE NEGATYWNIE ROZMAWIALI O TYM ZŁYM I NIEUTALENTOWANYM ZESPOLE, ALE O ZGROZO!, DOCZEKAĆ COŚ SIĘ NIE MOŻE, O KRYTYCE NEGATYWNEJ Z MAKA STRONY NIE MA TERAZ NAWET MOWY...

wrócę mam nadzieję że będzie już porządek". A sam mamrocząc jakieś mantry uspokajające pod nosem, płaszcz ubrał, buty i zrobił to, co fabularną opowiadania tego jest osią: w noc poszedł, by odnaleźć i zabić Szymona, złamasa, hochsztaplerza, mediów lautensaga, hannusena i demona. Ale przed wyjściem jeszcze by Maka oportunizm ukarać i zdradę sankcją obłożyć, ogrzewanie ustawił gazowe w mieszkaniu na trzydzieści dwa stopnie i wszystkie pozamykał szczelnie plastikowe okna.

31 grudnia roku czwarty dwa tysiące, Stachu w noc wychodzi, choć zabicia kolegi nie obmyślił jeszcze metody, co dzieje się w tym czasie w mieszkaniu na osiedlu strzeżonym, gdzie w towarzystwie Przesik Anny alkoholem silnie odurzonej oraz nieprzytomnej ale czkającej aktorki dalekoplanowej sylwestra wśród ludzi lecz samotnie spędza dziennikarz muzyczny Mak Robert? Po zupkach chińskich worki, makaron na samo z solą, wino „Soffia", wina „Sophia" dalekiej kserokopii parodia z wyraźną dominantą wody, co tu się dzieje, i czemu jest tak gorąco?

Wyłącznie dlatego nie poszedł na ten *Sylwester z Końmi*, że nie chciał spotkać tam Zofii swojej od dwudziestu lat żony, i jeszcze innej wściekłej lochy, kiedy indziej o tym, ale teraz widzi, że nie była to decyzja z rodzaju dobrych, lecz tych piekła otwierających pod śniegiem zamaskowane wrota. Narastający nie wiadomo dlaczego ukrop jakiś upiorny, powietrza temperatura pięćdziesiąt pięć stopni, para na oknach, cieplnego kino niepokoju, która godzina? Dziesiąta osiem? A gdzie ten kondom Retro teraz poszedł? I co z tą salaterką zrobił z tą krewetki mrożonką? A gdzie ta jego cała małżonka, która w gipsie jakimś była kiedyś podobno?

Anna Przesik przeczesać się poszła i estetykę swoją alkoholem nadwyrężoną uporządkować, zaraz wrócić zamiar miała i kontynuować z Robertem znajomość, ale z łazienki już wychodząc przypomniała sobie, że przez wszystkie te historie kosmetyki swoje obrócić zapomniała etykietką do przodu, kto docenić je teraz zdoła? Wróciła się i to przesądziło o dalszym przebiegu wieczoru, bo w dużym pokoju Robert siedzący samotnie, obserwujący plamy z potu na koszuli narastające, pomyślał o *Sylwestrze z Końmi* i bawiącej na nim swojej żonie Zofii (chociaż obawy jego były uzasadnione, od kiedy zastał ją kiedyś na niego czekającą na niego z dżemem czy marmeladą jakąś na sutkach w domu, bo raczej do zazdrości skłonną była osobą): a co tam! Jadę! Co mi ona może zrobić! I pociągnąwszy dla kurażu jeszcze parę łyków „Soffii", bezszelestnie włożył na nogi kowbojki, zapiął klamry złocone i ruszył do boju. Dobrze, że sznurka kłębuszek zawsze przy sobie nosił, aktorkę dalekoplanowej odtwórczyni roli pod pachę sobie włożył i w nogi! Schody, w dół po schodach, czy nikt go nie goni, czy nikt go nie woła? Hopla, Na *Sylwester z Końmi* jeszcze zdążą! Dziewczynę dość wiotką sznurkiem do motoru przywiązał, kask tył do przodu jej włożył, jeszcze kubek śmietany wyjął z w motorze schowka, bo lubił śmietanę popijać jadąc motorem i zawsze ze sobą kubek woził. I buch! W gaz kopnął. Już za chwilę w centrum stronę mknęli Świętokrzyskim Mostem.

Później w policyjnych raportach było szacowane na godzinę około wpół do jedenastej wyjście Maka z na osiedlu strzeżonym mieszkania. Według zeznań poszkodowanego Retra Stanisława, poszkodowany przebywał wtedy poza lokalem wyszedłszy z sylwestrowej zabawy odetchnąć na spacer. W śledztwa trakcie poszkodowany uzupełnił zeznania. Wynikało z nich, że z nielubianym współkolegą i współpracownikiem Rybaczko Szymonem do klubu w centrum szedł porozmawiać. Dlaczego więc około dwunastej przebywał wciąż na Północ Pradze, choć teoretycznie w tym czasie powinien być już na Wrzecionie albo WZ Trasie? Poszkodowany zeznał, że rozmowy trudnej z Rybaczko Szymonem bał się, więc niejednokrotnie skręcał w ulice o skomplikowanym i zawracającym kierunku i kształcie, chcąc mimo afektu odwlec trochę całą sprawę w czasie. Poszkodowany Stanisław Retro twierdził w swoich zeznaniach, że około dwunastej, gdy druga godzina jego wędrówki mijała, a cały jej czas poświęcił na rozmyślania o krzywdach dokonanych mu przez Rybaczka, (tu wymienił parę), już zdecydował i postanowił bez żadnych „ale", że pójdzie z nim porozmawiać (ale w żadnym razie zabić – w ogóle o tym nie myślałem – mówi poszkodowany), że uda się mostem do centrum Warszawy, i skierował się w stronę tamtą jednoznacznie, wśród wesołych nieznanych sobie osób głosów i świateł, w wybuchów petard przedwczesnych magmie i atmosferze zabawy, wspominał też o bójce w kolejce do sklepu Alkohole Świata, i tu zaczynały się schody w jego zeznaniach. Jakoby wtedy zauważył nagle, jak ulicą pchało dwoje ludzi mu nieznanych alkoholem etylowym kierowanych jakąś lodówkę na własnej konstrukcji kółkach, mężczyzna nienormalnie chudy i stara kobieta w futrze całkiem wyłysiałym, a tak ją szybko pchali jakby czegoś dziwnie się obawiali, tak zeznawał. Raz po raz lodówka się otwierała i jakieś musztardy wypadały na ulicę z jej niezbadanej paszczy, wtedy osoby te dziwne jakoby się zatrzymywały, w reklamówkę jedzenie wkładały i biegiem ruszały dalej. Wtedy podobno nagle coś tknęło poszkodowanego Retro Stanisława, jakieś dziwne przeczucie, inspirowany którym wtem zmienił tor, którym poruszał się ruchu. W swoich zeznaniach poszkodowany podbiega do tych ludzi i „skąd macie tą lodówkę?" do nich mówi, oni nawet uwagi na niego nie zwrócą, tylko skręcają szybko w jakieś nie pamięta jakie podwórko, mówiąc „a tak tu jom wiziemy z Gocławia, pudarowana jist lodóweczka ud szwagra, a po czemu co to interesuje pana?"– jeszcze umykając pytają, jeszcze w świetle ulicznej lampy migają mu ich nieurodziwe i proste jakby twarze, o zębach nielicznych i czarnych, mówi poszkodowany. Poszkodowany zeznaje że w blasku palącej się latarni uwydatniła się też „Elektrolux" lodówki marka, że wtedy powiedziawszy „a nic, tylko mam w domu taką samą", i pospiesznie się zaczął oddalać. Podobno nawet rzodkiewka–magnes się zgadzała na drzwiach lodówki zamocowana, i Retro myśl swoją przytaczał „dziwna sprawa nieco podejrzana", ale dlaczego poszedł mimo to dalej, odpowiedzi udzielić jasnej nie potrafił, tłumaczył się podejrzeniem, że to po prostu przykra schizofrenia i prześladowcza mania, której poszkodowany jakoby miewa czasem napady. Tym samym uzasadnia wyminięcie pijaka jakiegoś skręcającego w bramę, jakiś duży przedmiot niosącego pod płaszczem, przypominający jego kuchenkę mikrofalową własną określaną przez niego jako mikrofalę. Swoich ówczesnych myśli treść przytacza („zaraz zaraz"), które zagłuszyć się starał, wmawiając sobie, że to efekt zbyt częstego w gry komputerowe grania (poproszony o nazw gier podanie, podaje przede wszystkim *GTA* i *Zatokę Pirata*).

W swoich zeznaniach Stachu w niewielu miejscach skłamał. Może wtedy, gdy spytali go, dlaczego do domu zdecydował się zawracać, skoro nic niepokojącego nie widział w fakcie, że ktoś niesie jego, jak się wyraził, mikrofalę. Powiedział, że zaczął wracać, bo czegoś zapomniał ze sobą z mieszkania zabrać, swojego inhalatorka przeciwko astmie. Zgoła inna była obiektywna prawda. Psychicznego była rodzaju ta astma, która skłoniła Stanisława do świńskim truchtem się udania w kierunku na strzeżonym osiedlu mieszkania. Lęk go nagły ogarnął, wewnętrzny krzyk i lament. Bo pomyślał nagle, że zabić, łatwo powiedzieć zabić, ale że to duże wyzwanie, odpowiedzialność, zadanie paradoksalnie niełatwe, i może to nam czytelnikom się wydać nierealne, on, Stachu tak mężczyzna bezwzględny, odważny, do gniewu skłonny i w afekcie nieobliczalny, zaczął trząść się i bać się, i iść coraz wolniej i się nieestetycznie garbić, nie garb się nie wystarczy, odwrót wszystkich argumentów bezładny, myśli gonitwy pod powierzchnią czaszki. Do ręki nawet z ziemi wziął spory kamień. Może nie zabiję go nawet – pomyślał sobie – tylko trochę dla rozumu stymulacji mu przywalę. Zresztą to zabicie nie do końca mu wydało się moralne. Potem po sądach korowody to mało, ale zemsta karmy, to okropne, okropne mu się po prostu wydało, jak się ma czuć taka osoba zabijana? Na pewno niefajnie. Przed oczami kometa dziwna mu przeleciała, to jakieś złe bambini di Praga w niego rzucały petardami z braku lepszych obiektów oprócz siebie nawzajem, szacunku w ogóle do starszej osoby nie mają, i nagle wyobraził sobie Szymona ciało jako nie wiadomo czemu RTV sprzęt, magnetowid doskonały buzujący przewodów i chrzęści scalonymi układami, co za lęk, co za strach potężny przed tym całym zabijaniem go ogarnął, przecież to strasznie musi być twarde, w znaczeniu to ciało. Przecież apopleksji z obrzydzenia dostać zdąży, zabije go zanim! I jak to nieładnie będzie o nim świadczyć, każdy skrytykuje go internauta: uważam, że przez Stanisława Retro menedżera swego zamordowanie to czyn niemoralny! Uważam, że Stanisław Retro nie jest żadnym artystą, lecz zwykłym pedałem i nekrofagiem! Niesłusznych oskarżeń ohyda i matnia, o morderstwo podejrzany, w sieci potwarzy i kłamstwa, bicie, przesłuchania, stosunki niechciane analne. W obliczu takiej wewnętrznej argumentacji postanowił morderstwa zaniechać i natychmiast zawracać, ale ulicą równoległą, żeby siebie samego nie spotkać sprzed minut piętnastu, i jakaś taka ogarnęła go dobrych uczuć fala, moralna jasność, chęć z przyjaciółmi wypicia toastu. Że chociaż mógł zabić i miał pełne podstawy, ale nie zabił. Bo był człowiekiem szlachetnym i pełnym dobra i zalet, wewnętrznie jasnym. Nawet puszkę rzuconą przez kogoś na ziemię podniósł, wyprostował i w pionie postawił, i po maśle papier to samo. I już wracał, jednak wtedy nowy niepokój nim zawładnął, ponieważ przechodniów trzech zauważył, pchających w górę ulicy dużych rozmiarów pralkę w folię niebieską opakowaną. Jakby już z góry wiedział, jakiej będzie ona marki! Podbiegł, bo tylko upewnić chciał się, tylko jeden ten fakt sprawdzić! Z pewnym wysiłkiem ją pchali na tajemniczym wehikule z wózka dziecinnego zmontowanym, z jakimiś kartonami i puszek girlandami razem, a wszyscy na przytomności granicy byli pijani i głośno *Uważaj z nami* śpiewali, piosenkę popularną ostatnio: „usuń ciążę – jeden ci każe, inny powie: nie usuwaj w żadnym razie. Ty poglądom tym nie daj się chłopie mamić, dowiedz się, kto ma rację i uważaj to z nami! La la la!", te słowa wśród petard syku odpalanych rozbrzmiewały, to na krawędź wprowadziło go zawału. „Fajną macie pralkę"– krzyknął ich doganiając, za serce się chwytając, oni przystają, po sobie patrzą, na w jego ręce kamień, „ile chcecie" – pyta Stachu dysząc – „za nią?", „a trzy dyszki" – oni niezbornym chórem na to, i wtedy zauważa Staszek na pralce dwa znane sobie dobrze zarysowania, które Przesik zrobiła swego czasu Anna, w zemście za jego jakieś z niej naigrywania oraz znajomy napis ARDO. O basta, a więc to matriks! Zrywa z szyi szalik i dłużej z nimi nie rozmawiając, biegnie co tchu w kierunku na strzeżonym osiedlu mieszkania to sprawdzić i biegnie, i się przewraca, i wstaje, jak to się stać mogło, jak to się wszystko stało?! Oni ramionami wzruszają, „dwie dyszki"– jeszcze za nim wołają, ale reakcji się nie doczekając, pchają dalej, *Uważaj z nami* piosenkę śpiewając: „Sam już nie wiesz, co uważać, kit może ci sprzedać każdy, więc lepiej uważaj, uważaj z nami, la la la"– i śpiew ich Stacha goni Pragi Północ ulicami.

Ulicami. Schodami. Krzakami biegnie Stachu, nawet na skórce się poślizgnął od banana, aby rozbawić czytelnika o najniższych instynktach kulturalnych, płaszcz rozdarł i w błocie uwalał, to jest śmieszne, to jest śmieszne i zabawne, choć jemu zdawało się to straszne. W zeznaniach nie zeznał, że w pewnym momencie zaczął głośno płakać, a także wołać: „Okradli mnie! Okradli!", które to wołanie było jak powietrze dla mieszkańców Pragi i uwagi nikt nie zwrócił na nie. W tym czasie dwunasta wybiła właśnie, kumulacja i wielka kulminacja, w okolicach twarzy wybuchła mu petarda. Ludzie przez niego mijani ryczeli i się śmiali, *Hej sokoły* i *Uważaj z nami* piosenkę popularną ostatnio śpiewali. Niektórzy leżeli, inni im na toast wstawać pomagali. „Okradli mnie! Okradli!"– darł się. Wtem zobaczył jakąś babę. W jednej ręce patelnię teflonową miała jego własną, w drugiej jego przyrząd do czosnku wyciskania. Rzucił się na nią: „to moje jest! To moje! Pani to ukradła!". „Nie pana żadne, nie pana żadne – obruszyła się osoba ta silnie pijana i z rąk sprzęty mu wyrwała, „ja to przed chwileńkom to mi jedna pani taka sprzedała " – powiedziała. „Pod Alkoholami Światu ja ze sunsiadami stała, to przybiegła jaka taka, rozczuchrana i na boso w laczkach, a Rakowa mówi, że tu osoba znana, że jum kidyś we 'Faktach' widziała, jak biło zdjencie że una w jakimś gipsie leżała i tam udwiedzał jom jakiś pedał czy inny fagas. Tak ponuć pisało. Ja nic nie wiem, ja nic to nie ubchodze, ni moja sprawa. I una mówi: 'mam do sprzedania to i to i to, na terenie tam niedaleko megu miszkania'. Nu tu idziemy, a tam pralka, do włusów pinkna suszarka, una ceny pudaje: to dziesinć, to dziesinć, a tu dwanaście. Nu tu opłacało się czy nie? Nu opłacało. Nu tu Rak wziuł pralke (dziewienć dał jej bo purysowana), Józek wziol zmywarke, a ja tilku dwa złote miała, to mi ona za to te tu patelni dała, a Renata miała groszy dwadziścia tam pare, to tum do czosku kupiła wyciskarke, i jeszcze do dwadziścia gruszy starguwała. A una

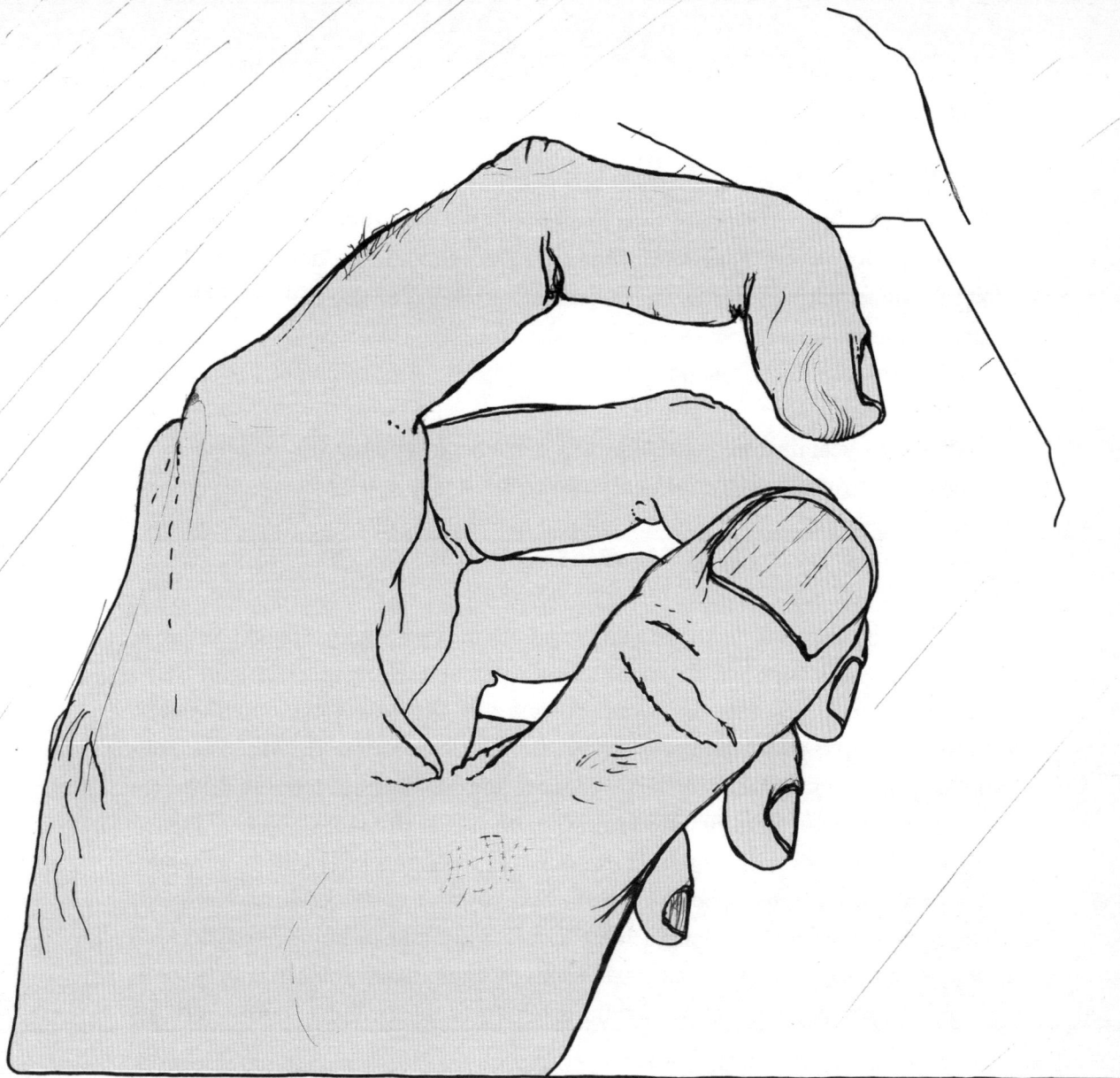

...I WTEDY ZAUWAŻA STASZEK NA PRALCE DWA ZNANE SOBIE DOBRZE ZARYSOWANIA, KTÓRE PRZESIK ZROBIŁA SWEGO CZASU ANNA...

poganiała, bo taksówke zamówione telefunem miała i na te taksówke ponuć zbirała. Ale ja nic tam nie wiem, tu ni moja sprawa".

„Taksówkę!" – wrzasnął, gdy to powiedziała i popchnął ją z siły całcj w jakieś krzaki. Oczywiście całą tę scenę pominął w zeznaniach, utrzymując, że to przez nieznanych sprawców włamanie. Nie pamięta za dobrze, co wtedy się działo, w jakimś amoku się znajdował, w jakimś szale, pamięta tylko, że pobiegł do na strzeżonym osiedlu mieszkania. Tam, jak zeznawał, w następstwie faktu drzwi otwarcia po sprzętach AGD puste miejsca zastał, jak również nieobecność osoby swojej sympatii Przesik Anny, na której poszukiwanie zdecydował natychmiast się poszkodowany, z czego powodu nie miał czasu myśleć o policji ówczesnym wezwaniu i dlatego zrobił to dopiero pierwszego stycznia rano. Usposobienie osoby niezastanej w mieszkaniu opisuje jako „jednostka nienormalna" i „skłonna do zniszczeń i sprzętów degradacji".

W mieszkaniu policja zastała silny nieporządek i bałagan, ale poszkodowany nie potrafi stwierdzić, czy powstał on w wyniku włamania, czy sam Retro Stanisław, gdy problem na taksówkę gotówki nieposiadania napotkawszy, zaczął nieco raptownie przeszukiwać wszystkie zakamarki. Wreszcie znalazłszy konsolę do gier Sony PlayStation, marki, której z powodu trwałego uszkodzenia nie używa jakoby od dawna, co zawile tłumaczył, opuścił mieszkanie w celu taksówki złapania i ewentualnej należności właśnie za jej pomocą uregulowania. Poszkodowany zeznaje, że również gratyfikację taksówkarza rozważał za sprawą discmanu tejże samej Sony marki, który podobno ktoś kiedyś u niego zostawił, nazwiska osoby wspomnianej sobie nie przypominając. Dalsze zeznania są w stopniu geometrycznie rosnącym coraz bardziej zagmatwane i niejasne. Do taksówki przypadkowo zatrzymanej nie pamięta jakiej korporacji wsiadłszy (*Z Końmi sylwestru* podał w niej adres), gdzie jakoby był pewien spotkać Przesik Annę, poszkodowany opisuje stan psychiczny, w którym przebywawszy jako „nerwowość", „nerwowe uczucia" i „zdenerwowanie". W trakcie opisywania zaszłych w niej zdarzeń ulega silnym stanom emocjonalnym, płacze. Używa słów takich jak „zmowa", „podszepty", „klika" i „szykany", o konkrety zapytany, twierdzi, że taksówkarz specjalnie w celu go obrażenia i sprowokowania z radia odtwarza piosenkę, za którą poszkodowany nie przepada, przebój popularny grupy Konie *Uważaj z nami*, piosenkę tytułową głośnego ostatnio programu. W wyniku jej usłyszenia Retro ulega silnemu szału. To, co w efekcie się stało, opisuje jako „konflikt i szarpanie się z taksówkarzem", w wyniku którego brutalnie wypchnięty zostaje z pojazdu do jakiegoś, jak twierdzi, „bagna", co powoduje zniszczenie odzienia wierzchniego poprzez jego rozdarcie. Jak poszkodowany zeznaje, taksówkarz powiedział do niego również wcześniej „to pan jest tym pedałem". Około trzech godzin zajęło poszkodowanemu odnalezienie przystanku tramwaju i powrót na gdzie mieszka Północ Pragę oraz policji wezwanie.

Na *Z Końmi sylwestrze* świetnie się bawiła Przesik Anna. Zaproszenia nie mając, z krewetkami mrożonymi salaterkę z mieszkania zabraną pokazując „organizator", „vip", „organizator" do ochrony powiedziała. Pod wpływem alkoholu i ogólnej atmosfery zabawy do majtek się rozebrała, demonstrując niezwykły i rzadki tatuaż „Kultura Patriarchalna". Nagle wesoło w ten sposób tańcząc zauważyła, że podchodzi do niej Mosznal Małgorzata, znana jej z telewizyjnego programu spikerka i telewizyjna gwiazda. O Święta Mario, co za sytuacja nierealna! Specjalnie poruszała plecami, aby tatuaż jeszcze bardziej

117

ewidentny stał się. Po krótkiej rozmowie Małgorzata Mosznal zaprosiła ją do swojego programu. „Fajne tatu – powiedziała i dodała, że od początku uwagę jej zwróciły Anny z napisem „wednesday" majtki. O dniach tygodnia odcinek jest właśnie w przygotowaniu *Uważaj z nami*. Ogólnie o ich liczbie, o ich charakterze, o ich nazwach będą rozmawiać. Numer telefonu jej zostawi, adieu pa pa. I na domowy, i na komórasia.

Ta piosenka za z Unii Europejskiej pieniądze się już kończy. Celowo do jej promocji zaangażowani zostali Żydzi i masoni. W ten sposób ewentualny niesmak, oburzenie i krzyk sprzeciwu u odbiorcy, nie wynika z jego gustu literackiego zwykłej odmienności, czy po prostu z nieprzeczytania w ogóle tej książki, lecz z faktu, że nie daje sobie Żydom i masonom mydlić oczu i na wciskane mu gówno jest odporny, propagandę mediów i kał kultury masowej.

Ta piosenka powstala za z Unii Europejskiej pieniądze. Zawiera wiele ułatwień i udogodnień. Napisana została w taki sposób, aby nieprzeczytanie jej nie uniemożliwało zabrania w jej sprawie głosu i wypowiedzenia się na forum. Na koniec proponujemy państwu praktyczną w formułowaniu krytycznych uwag pomoc, proponujemy kilka poglądów do posiadania gotowych, które głos krytyczny w dyskusji internetowej lub towarzyskiej zabrać pozwolą, należy wyłącznie za pomocą wytnij\wklej opcji uważać te, które wydają nam się najbardziej swoje. Sprawiedliwość i obiektywność opinii usprawiedliwi ich surowość.

Piosenka ta, co od razu jest widoczne, zawiera błędy gramatyczne rażące i ordynarne niepoprawności. Ty takie błędy na poczekaniu umiesz zrobić. Mógłbyś w dwa dni napisać taką książkę, gdybyś tylko kij i ziemi dostał trochę.

To wcale nie jest żadna proza, tu są liczne brzydkie i wulgarne słowa, które w niekorzystnym świetle ustawiają Polskę na Zachodzie. To wcale nie jest żadna piosenka hiphopowa. Piosenki hiphopowe są krótsze i zawierają teledysk albo muzyczny podkład.

Należy tłumaczeniu na inne języki tej książki ewentualnemu zapobiec, ponieważ postawy bohaterów zdradzają niski moralny poziom, co w złym świetle na Zachodzie stawia Polskę i powszechnie kultywowane tu wartości. Tę piosenkę celowo wypromowali Żydzi i masoni, zamiast wypromować pisarzy bardziej zdolnych, takich jak Stanisław Lem, Bruno Schulz i Witold Gombrowicz. Uderza w niej brak realizmu rażący. Nie ma takiego wokalisty Stanisław Retro w Polsce. Nie ma takiego zespołu Konie. Autorka nie jest tej piosenki autorką. Jest talentu i urody pozbawiona, poza tym nie jest ani nią, ani żadną inną osobą. A to to nie jest żaden tej piosenki koniec. Ta piosenka powstała za z Unii Europejskiej pieniądze, chociaż czy ktoś widział kiedyś tą niby Europę? Wątpię.

Hej ludzie, odłóżcie te noże, ona nie napisała już nigdy żadnej książki, spokojnie, to tylko taki film był o niej, gdzie zaraz po czołówce są napisy końcowe, kto w nim nie występował i przez jakie studio nie został zrobiony, książka z jedną stroną, na której napisane było „rozdział pierwszy" a zaraz pod spodem „koniec". Więc spokojnie, odłóżcie te widelce, te noże, Doris już nigdy nie napisze żadnej książki, Doris lubi teraz kwiaty doniczkowe, w garkach pogrzebać sobie, pogotować różną taką wodę, tłuste bity pokręcić na kurkach od kuchenki gazowej, czy warto marnować kij dobry na taką osobę?

Ona gotuje wodę w wyścigu szalonym z dziecka swego głodem, para rozwiewa jej włosy, szarpie poły szlafroka, nie wie, że on już w drogich perfum glorii z domu wychodzi, że już rusza, że jedzie samochodem, że już nie ma odwrotu z manowców losu, że już choineczki zapachowej wdycha przepiękny aromat świeży jodłowy, tutaj proszę zabiła nas wiosna, pachnie choineczka zapachowa, on jedzie, on czuje się dobrze i jeszcze lepiej wygląda, wokół inne jakieś samochody, on przejeżdża na czerwonym, by im zaimponować, prawie jest jak w osiemdziesiątym piątym, jak miał jeszcze włosy na większej powierzchni procentowej głowy, zanim zmniejszyła się ona na czoła nieuzasadnioną korzyść. Bo jak śmierdzi w samochodzie to nie lubi, i w ogóle, w sklepie Carrefour zestaw pogrzebaczów wreszcie do kominku kupił w stylu XIV Ludwik, no wygląda super, bo pogrzebać to tylko w zębach w dziurze sobie może nim raczej, bo kominek ma elektryczny bardziej taki, ale z podświetlaną szczapą, także wygląda nocą fajnie, a zwłaszcza jeśli ktoś wpadnie z kumpli dawnych, posiedzieć sobie w ręce z pogrzebaczem, popatrzeć jak się pali, do minionych wrócić zdarzeń, punkowskie czasy, w Jarocinie z brzozowej wody pół na pół z utlenioną drinasy, w zsypie glanów zmiana na „Polsport” adidasy, przy Izabeli Trojanowskiej płyty okładce onanizm, koleżanek z klasy perhydrolem włosy farbowane. Coraz częściej w myślach do tamtych lat powraca, ostatnio nawet zaczął zakładać na marynarkę starą papę, a co, kotami trochę wali, ale bez obciachu, czerwona taka z napisem żółtym „Kawasaki” i małymi „Yamaha” na rękawach napisami, do tego czapka z daszkiem ze śmigiełkiem na czubku przymocowanym, co też w piwnicy leżała, no bez przesady, przecież nie jest jeszcze stary. Bo jeszcze w tego kominku sprawie, to mógł kupić, bo był jeszcze taki ze zdalnie sterowaną kratą, ale to już przesada jego zdaniem dla gadżeciarzy, a on jeszcze ma grilla, ale to bardziej latem, no więc on jedzie, wiosna, choineczka ładnie pachnie, on fajnie się czuje a wygląda jeszcze fajniej, samochodów fala odrywa się i nie wraca, zmieniają się światła, on w tej papie, no jest jak w osiemdziesiątym czwartym prawie, chociaż jednak inaczej. I jedzie tak, radio sobie włancza, nie zważając na sformułowania tego niepoprawność, bo jest sam i nie będzie się silił, żeby gramatyka i składnia, może dlatego je włancza, że sobie je kupił niedawno, a może po prostu dlatego, że jest specjalistą do spraw medialnych i musi ciągle sprawdzać, co konkurencja wyprawia, co znowu mu kradnie, szuka, szuka po stacjach, a nuż Ramonesów dadzą jakiś kawałek, Clashów i tak dalej, a tu jak wtem nagle, o kurwa blada, przeprasza za sformułowanie, ale trudna sprawa, żeby nad sobą panowania nie stracił. Zespół Flaky, piosenka *Nie myśl nic kochanie,* przebój tygodni ostatnich, piosenki przez niego wylansowanej *Uważaj z nami* zrobiona na chama kserokopia skanu.

I jedzie dalej, ale piosenkę wyżej wspomnianą *Nie myśl nic kochanie* usłyszawszy już nie jest tak fajnie, już nie ma ani wiosny, ani już nic ładnie nie pachnie i po co mu ten komplet pogrzebaczów, chyba żeby na śmietnik było co wystawić, żeby było widać, że są bogaci, bo bogaci dużo wyrzucają, potem weźmie to menel jakiś, przerobi na aluminium, na po trzy nakrętki od śmietany z każdego pogrzebacza, a z reszty zrobi sobie wiatraczek, oto alchemia miasta, bogaty zjada, biedny za przemianę materii odpowiada. *Nie myśl nic kochanie*, jak słyszy ten refren, to doła łapie, patrzy w lusterku na swoją papę, na czapeczkę z śmiegiełkiem nieruchawym eksponującą czoła rozrost w stosunku do włosów nienaturalny i czuje, że wygląda jak wszystkiego, czym być chciał pastisz, że inaczej sobie swój wygląd wychodząc z domu wyobrażał. I wspomnienie go ogarnia, poranna sytuacja, jak rano siedzi jego żona Sandra noga na nogę na kanapie, laczkiem kłapie, papierosy pali, na niego patrzy i dlaczego na niego nie napluje powód wyłącznie taki, że obawia się że nie trafi, głosem mówiąc obumarłym, jakby miała EEG płaskie: „człowieku, ty zwariowałeś, ty jedź od razu do szpitala w tej papie, a nie do pracy, kaftan fajny dostaniesz za darmo, będziesz sobie chodził w kaftanie, zarzucisz na garniak, szyku zadasz. Popatrz na siebie, zgłupiałeś dziadzie, nadkwaśność ma, zakola, ma w kolanie blachy i zachciało mu się papy, idź się wyspowiadać, bo jeździłeś na te seszin, na te sangi i teraz zwariowałeś, kolczyk jeszcze daj sobie zrobić na żylakach". On taką ma zasadę, że nie słucha tego, co ona mówi generalnie z zasady, ale usłyszał przy goleniu jakoś przypadkiem i poczuł się nieswojo, i może zdjąłby to nawet i pojechał normalnie w marynarce, bo może rzeczywiście jest to trochę ekstrawaganckie. Ale zbudził się w nim zaraz opór jakiś taki, bunt z czasów dawnych, napad kontestacji, pomyślał: co, co, nie podoba ci się papa? Masz coś do mojej papy torbo, ty mną pogardzasz? Ty co ideały sprzedałaś za Jean Louis David i od Prady po domu ciapy, dywany i złote firany, i skodę fabię, ja ci powiem: tanio je sprzedałaś i nie ty mi będziesz teraz mówić, że ja mam żylaki.

I wyszedł, drzwiami trzasnął, na to wspomnienie dodaje gazu, wszystkich wymijając, świetny ma nastrój i chuj, tak sobie postanawia, już i tak jest kwestią dni, jak im pokaże, kto jest branży królem realnym, a w ogóle to wiosna, choineczka ładnie pachnie, czuje się fajnie i not punks dead. Rondo Babka, światła, o, a tu patrzy, jakiś leży na pasach i raczej nie dlatego, że zasnął bynajmniej, a on mimo w oczy ze strony każdej wiatru z piaskiem żyje i wygląda fajnie, więc pewna satysfakcja jak się widzi taką masakrę, łaził gdzieś facet z rana, trzeba było nie wstawać, jeszcze mu się bułki z tej wysypały, z siatki, a w domu dzieciaki na śniadanie czekają, a tu nie ma śniadania, do większej takiej siatki się przeniosło po drodze w zestawie z tatą, ha ha. Żarty żartami, a swoją drogą to jest właśnie cały absurd miasta, człowiek jakby żył gdzieś w lasach, to też by umierał śmiercią naturalną, jakichś wilków by tam padł ofiarą albo po prostu w glebę rozkładu, a tutaj krew i fizjologiczne różne sprawy na asfalcie, tak by się wchłonęło dawno, a tutaj jedni tu po tym jeżdżą, inni to do worka zbierają, no w dzień biały pornografia, dobrze, że dzieciak na to nie patrzy, siedem miesięcy córka skończyła w marcu, ale to gdzieś się wszystko w mózgu odkłada, nie ma rady. Ale to nieważne, a co do tego zespołu lecącego w międzyczasie Flaky, to w sądzie już i tak jest założona sprawa o dóbr intelektułalnych kserowanie i kradzież, dla wokalisty siedem lat więzienia przez prokuratora żądanie, którego osobiście wynajął i mu zapłacił jeszcze więcej niż przez te Flaky głupie stracił, ale choćby miał dom dać cały do lombardu razem z AGD, RTV, lux i umeblowaniem, ba, razem z dzieciakiem i Sandrą, to wygra tę sprawę. Jak było? A tak było, aaaale, miało być coś, miał być pewien wałek jeszcze przed świętami zmarłych, każdy zna *Uważaj z nami*, rodzaj głośnego programu propagującego poglądów posiadanie, no to zadzwoniła Mosznal Małgorzata z poprzedniego rozdziału nam znana z propozycją piosenki do niego napisania, i co, i napisał wziął, i to było genialne, i to był medialnie dynamit „niesłusznymi poglądami nie daj się mamić, uważaj z nami, uważaj z nami", no zna to każdy, wyraz mediów i poglądów powszechnie popularnych kontestacja. W pierwotnych planach miał ją zaśpiewać Retro Stachu, symbolizujący medialnie masonizm i homoseksualizm, którego sprzedaż na pysk lecącą chciał w ten sposób ocalić, zresztą fakt faktem, że obiecał mu to nawet w Be eN okolicach jakoś nieopatrznie, ale potem rozmyślił się nagle, dlaczego? Pewnego razu pod firmą z auta wysiadając, gwałtownej zaznał inspiracji, otóż jakaś laska starsza napad akurat miała padaczki, no jakby do prądu wsadziła poślinione palce, tu ona się tarza, z pyska krew jej tryska z języka, co sobie pogryzła jak fontanna, spódnica jej się zakasała, jak machała nogami, świeci majtami. Przystaje każdy i się patrzy, śmieją się gapie, mu samemu trudno się nie zaśmiać, bo paradoksalnie jest to bardzo zabawne, olśnienie, przecież to medialnie jest prawdziwa rewelacja! Z jego strony iluminacja, szybko zaczął działać, następnego dnia już dzwonił do zespołu Konie, który wcześniej na jakiejś imprezie wypatrzył, z plejbeku grali, bo jakieś tam były problemy z gitarami, ktoś struny ukradł czy naciął, słuchajcie chłopaki! Mam dla was pewną taką szansę, czy chcecie lansować parkinsonizm i padaczkę? Oni też długo się nie zastanawiali, *Uważaj z nami* piosenki nagranie, występ ich we wspomnianym programie, *Sylwester z Końmi* wielkiej imprezy zorganizowanie z darmowymi drinami, z darmowym żarciem, członków zespołu podczas koncertów padaczki napadu pozorowanie, przez samego niego im pokazanie, jak mają się wiarygodnie tarzać i pryskać na fanów czerwoną farbą, śmiesznie i zabawnie wyglądając, ludzi do spazmów śmiechu doprowadzając, choć nieraz bywało, że ktoś z widowni przejął się naprawdę, „pomóżcie człowiekowi" wołali, raz nawet karetkę wezwano, tak wiarygodnie to wyglądało, no ale nieważne. Było fajnie? Było zajebiście fajnie, ten kominek kupił wtedy właśnie i dla Sandry skodę fabię, chociaż Retro jakieś fochy strzelać zaczął, nienawiści na sekretarkę nagrywać mu seanse: „nie jestem żadnym pedałem!", bo ktoś mu podobno teksty, które dla niego układał, na polski przetłumaczył, zresztą się z tym liczyć, że to nastąpi kiedyś należało. Wtedy też było to pomalowanie na czarno, o tym dalej, no ale nieważne, na Retrze mógł położyć laskę, bo i tak ostatnio tylko na nim tracił, za na liście Muzycznej Piosenki miejsce przedostatnie musiał płacić, błagać, szefów jej wciąż mamić, kupować frykasy, czekolady, to przestawało się opłacać. No ale z Koniów trasy i płyt sprzedaży spływała kasa, wszystko się układało, królem był branży, aż tu niedawno, kiedy to siedzi sobie przed telewizorem z Sandrą na chacie i patrzy, nie wierzy, lecz patrzy, czy nie może ufać już nawet uszom i oczom swoim własnym, czy nawet ktoś uszy i oczy jego podpłacił? W chwili pierwszej myśli, że to *Uważaj z nami,* identyczny aranż i linia wokalu, ale sam nie wie jeszcze, bo to dziecko ryczy jak zarzynane. „No Sandra przypilnuj ją, zobacz jak płacze!" – krzczy do Sandry. – „No zrób coś, chyba jesteś chyba jej matką", bo to rzecz dla niego ważna, ale ona oczywiście że nie słyszy udaje, na gapienie się w dal zawody urządza między sobą samą, okej, nie ma sprawy, pilotem podgłośnił do wartości dla samego siebie ekstremalnych i słucha uważnie, i piosenkę słyszy jakąś głupkowatą, tą co przed chwilą w radiu usłyszał właśnie i chce zjeść sobie jajka własne, „Jeden ci 'uważaj z nami' powie, drugi chce żebyś myślał o czymś ciągle, nawet jak nie masz wcale ochoty na takie głupoty, ty nie daj się zwariować, bądź sobą, bądź tobą i nie myśl nic, bądź sobą, myślenie to pic", i tak dalej, to co oglądał to był muzyczny tokszoł taki, zna tego pedała co to prowadzi, Mak Robert, jego kolega jeszcze niedawno, znany z walki z nadwagą nieudanej: „zobaczyliśmy własnie teledysk *Nie myśl nic kochanie* najnowszego popularnego zespołu Flaky, który gościmy dziś w naszym programie". I jeszcze, pamięta to dokładnie, Mak, judasz i zdrajca, pytanie zadał „Co z Koniami?", a wokalista odpowiada „Konie to przeszłość, Konie to pasmanteria, Konie to żenada, kogo teraz obchodzi jakaś padaczka, my lansujemy podczas koncertów publiczne moczu i kału nietrzymanie". Szlag go trafił, po części, że z niego zżynali, ale raczej, że pierwsi na to popuszczanie wpadli, bo jasne, człowieka drugiego podczas defekacji każdy chce zobaczyć, więc mają teraz pełne sale, ludzie ich kochają, ale jeszcze popamiętają, on im wyjedzie za dni parę z czymś takim, że po Flakach zostaną tylko kału ślady, którego nietrzymania nie będą musieli pozorować uciekając.

Hej ludzie, odłóżcie te noże, ona nie napisała już nigdy żadnej książki, żadnej książki, ona gotuje wrzątek, taką wodę gorącą i obiera ziemniaki, takie kartofle, po domu specjalnie chodzi, a nuż rozpoznają ją jakieś sprzęty domowe, spytają jak nowa powieść, z bliskich nielicznych ktoś czasem aby jej przyjemność zrobić spyta, czy to ona jest Dorota Masłowska, pozorując że ją w tłumie rozpoznał, aby podtrzymać wrażenie jej sławy i popularności, ona jednak wie, że to podstęp, wie, że to sukcesu jej koniec, rozpoznawalność w komunikacji miejskiej zerowa, wszędzie tylko Kuczok Wojciech, Kuczok Wojciech na odczycie w Płocku, Kuczok Wojciech dyskusja panelowa w Rudawie Dolnej z przedstawicielami bibliotek szkolnych pod hasłem „Przemoc

126

w domu, przemoc w szkole", a ona z dzieckiem w domu patrzy przez okno na przejeżdżające samochody.

To był film który od samego początku musiał się skończyć, a rano radio włączyła sobie, o Boże, „jeden ci 'uważaj z nami' powie, drugi chce, abyś myślał o czymś ciągle", co za kultura masowa, chyba napiszę o tym do „Apokalipsy jeźdzcowie". Hej ludzie, no już dobrze, odłóżcie te noże, spokojnie, no czym ci ona odda, mopem?

A on jedzie tak samochodem, i myśląc o tym projekcie nowym przyspiesza bardziej coraz, w Alejach Pawła Jana jakaś mu idiotka zajechała drogę, ja skręcałem, ale to ty wymusiłaś torbo, no to teraz proszę, teraz tu macie, ja do pracy się spieszę jadę, bardzo przepraszam, nie jesteśmy na sankach proszę państwa, też trzeba trochę uważać, jeszcze się dziwka patrzy, czoło pokazuje palcem, do zrozumienia mu zakola jego dając, co, nie podobają ci się, a może źle jestem ubrany? Może masz coś do mojej papy, może mam żylaki? Dla ciebie jestem palantem? Ty jedź, jedź do agencji, wymyślaj reklamy, pieniądze sprzedawaj w banku ty z poduszkami marynaro, italo disco słuchałaś, w Budapeszcie na Patelni dilowałaś kryształami, jak ja przed polewaczką uciekałem, i teraz kurwa żyjemy w jednym mieście, w jednym kraju, ty idź marynaro, kłamstwa swoje sprzedawaj, które są już dawno sprzedane, tak jak wszystko w tym państwie, szyby sobie załóż przyciemniane, ale nie z folią taką, tylko szyby nowe przyciemniane całe.

Aleje Jana Pawła, a w ogóle to on umarł jakoś niedawno, prawda? No tak, on sam zgłosił wniosek o opuszczenie do połowy z logiem przed firmą flagi, bo tam nikt nawet tego by nie zauważył, siedzą kolesie i laski całymi dniami, golą się tam, współżyją, wartości żadnych, okna przyciemniane, to nie widać pór dnia i roku zmiany, w ogóle co to dla nich że umarł Papież, jak w kserze skończył się papier, a ludzie płakali, znicze zapalali, w telewizji pokazywali, on był w depresji po Koni porażce, spadku zainteresowania publiczności padaczką, i wtem zaczął się zastanawiać, czemu ci ludzie tak płaczą, kupują te znicze, te flagi, tu dywany z Papieżem w oknach powywieszane, kwiaty, przecież oni ich sami nie wyhodowali, oni za nie płacą, przecież o czymś to świadczy, bo chociaż Papież nie był ładny ani żadny, to miał rozgłos medialny, miał i to jaki. I tu iluminacja, nagła inspiracja, trendów fekalnych kontestacja, zupełnie nowa strategia medialna, bo oto są społeczne nowe zapotrzebowania, ludzie nie chcą już dłużej zła, fekaliów, seksu z psami, małżeństw księżów z księżami, małżeństw jednych małżeństw z innymi małżeństwami, ludzie chcą teraz jakichśtam wartości, tradycjonalnych takich, dobro, zło, ojczyzna, nienawiść, bo tu facet wraca z pracy, baba mu kotlet daje, telewizor włancza, a tam laski wymachują cycami, a tu ziemniaki, a tutaj z kolei w sejmie debata, czy pochwa to już są włosy pokazane, czy dopiero jak się te w środku flaki pokaże to jest to wtedy pornografia, no spokój dajcie, to się znudzić musiało i się wreszcie przejadło, on tego świadomość miał od dawna, choćby jak wtedy Retru kazał iść do szpitala z tymi pomarańczami, ale wtedy społeczeństwo nie było gotowe na takie innowacje, ale teraz wszystko jest inaczej, teraz na takiego Retra Stacha geja i masona koncert przyjdzie osób sto piętnaście, w tym połowa przez nieszczelną kratę jakichś śmierdzących starym olejem lewaków, a na Papieża pogrzebie tyle samo siedzi w jednej ławce i to bez plakatów, bez żadnej zorganizowanej promocji medialnej. Wnioski są jasne i on nie zamierza tego już zaprzepaścić, zrobi projekt taki, że wypruje sobie branża flaki i w kościele pod jego Szymonu wezwaniem złoży asparagusem przybrane i zawinięte w ozdobny papier, i to nie są ega napady bezzasadne, poniedziałek ja, wtorek ja, jak w tym wierszu znanym. Jedzie, Świętokrzyska, Tamka, Kawasaki, Yamaha, Voila. „Life and die", spółka medialna. Wysiada, z domofonu słyszy: „halo?", „żyrafy wchodzą do szafy" żartuje dowcipnie jak zawsze, „dzień dobry dzień dobry witam bardzo, panie Szymonie, kawa czy herbata"? „Late poproszę, dzieńkuję bardzo", bo właśnie najbardziej lubił late, nawet do domu kupił na Allegro aukcji, kiedy jeszcze Konie były popularne, ten ekspres ciśnieniowy czy jakiś, no chyba z półtora tysiaka na to wywalił, ale on po prostu zwraca na widok sam takiej parzonej chamówy z fusami, a jak to przywieźli to jeszcze się okazało, że to jest, za przeproszeniem stodoły, rozmiarów i trzeba będzie wyburzyć kawałek ściany, żeby ten ekspres postawić, szczerze powiedziawszy z tego względu jeszcze nawet czy działa nie sprawdził, ale się opłacało, bo lubił late, a szczególnie tą piankę. „O, a co tu mamy?"– rozchyliwszy żaluzje pionowe jak kochanki sromowe wargi przez okno patrzy, a tam przy jego aucie się czai dwóch miejskich strażników w serdakach żarwiastych o fasonie niekszałtnym, motyw fabularny to w moich utworach stały, strażnicy i policjanci po dwa pakowani, w parach parami, tu konno dla odmiany, z pretensjami, że nie ma za szybą tego śmiecia z parkomatu, no takiego jeszcze nie było przypadku, ci też chcą go okradać? „Przepraszam na chwilę państwa, osobista sprawa, człowieku, no ale jak ty mi tu mandat wystawiasz, no co ty mi tu wystawiasz? No bądźmy poważni, ja jestem człowiekiem, człowiekiem pan jest, dziecko mi się tu prawie zesrało w aucie, no sraczkę ma, jakąś salmonellę czy helikobakter na tych, na chrzcinach złapało, coo jadło? No cośtam jadło, no jakąś sałatkę śledziową czy kiełbasę, Bóg wie, co się nażarło, no to będę czterdzieści groszy do kiosku rozmieniać latał, żeby była biurokracja, jak córka na moich oczach sra, siedem miesięcy noworodek ma, a ja tu pan widzi pod spodem w garniaku, no to panowie bądźmy realni, ja jestem podatnikiem państwa, ja płacę rocznie 40 tysięcy podatku. Coo, gdzie kupiłem tą papę? A to moja stara, młodości lata, ach pan też był pankiem?! Nie do wiary, a w Jarocinie był pan w osiemdziesiątym czwartym? No to bracie, a ksywę pan miał jaką? Kaka? Co, Kaka, skurwiły się czasy, nie ma już szansy. Ale co z Siekierą, ma pan Siekierę starą? Jeszcze bez Maliny na wokalu? Pan nie gada. A panowie tu często przejeżdżają? Bo mógłby mi pan przepalić, ja zapłacę, z góry nawet od razu. Tak? Pięć dyszek będzie się zgadzało? No to jak się umawiamy, może być poniedziałek z rana? A tu jeszcze taka mała niespodzianka dla z Jarocina starych ziomali, tylko otworzę bagażnik, o właśnie, dla pana koszulka i z napisem balon, a dla pana taki – nie wiem właściwie jak to nazwać – na biurko przycisk czy gadżet, no to przyda się na pewno w domu czy w biurze do kartek, sam u siebie mam taki i bardzo się przydaje, nic nie lata, niekorzystny nie robi się bałagan. Tu domofonem pan zadzwoni, o Szymona zapyta Rybaczka, tu moja wizytówka, o, Szymon Rybaczko, specjalista spraw medialnych, no właśnie".

„Pięć dych za płyty przegranie, która złotówkę kosztuje w Auchanie, tak się sprawy teraz mają, słyszała pani, pani Haniu?" – do sekretarki się, siedząc już w biurze, zwraca. Przez firany patrzy za strażnikami, którzy konno się oddalają i czerwony trzymając, który im dał, balon. „Pięć dych ode mnie wzięli w łapę, to pani chyba tyle za tydzień pracy dostaje, nie mam racji? No właśnie. Za tydzień pracy, od ósmej do osiemnastej, codziennie, sprzątanie, ksero, upokarzanie się, usługiwanie, kobieta stara, lata stażu i tyle zarabia pani samo, co taki palant weźnie od człowieka za samochodu zaparkowanie, i to jeszcze mój znajomy stary. Skurwiły się czasy, naprawdę kiedyś inni byli ludzie, mieli ideały, wszystko było inaczej, a dzisiaj kasa kasa kasa, masz to za co zapłacisz. Zaraz też do domu jadę i mówię swojej babie: wyskakuj z kasy, tu dziesięć złotych za otworzenie bramy, tu przeszedłem korytarzem, to to będzie gratis, ale tu już zjedzenie obiadu to dwanaście, a jak chcesz pogadać to z dymaniem stówa, a osiem dych bez dymania, promocja i rabat ze względu, że jestem z tobą żonaty na to. Może być gotówka, może być karta, tu, tu PIN wpisz i zielonym zatwierdź, nie miej mi za złe, ale muszę zapłacić za zeszły miesiąc za oddychanie i grawitację. Ale kawę, to pani Haniu, ja taką proszę z dwóch płaskich, taką słabszą".

Bo ostatnio powiedział mu psychiatra, żeby nie przesadzał z kawą, właściwie to zmusiła go do tego Sandra: „ty weź idź do lekarza, ty zmieniłeś się, jesteś nienormalny, ja cię nie poznaję", jego zdaniem trochę przesadzała, trochę się odgrywała, że współżycie wygasło między nimi seksualne, no jakoś tak szczerze mówiąc śmiercią naturalną, to przecież nic z nią wspólnego nie miało, ani że się jakoś specjalnie roztyła po dziecku czy rozstępy jakieś miała, czy że ją zdradzał, no po prostu jakoś tak mu zeszło ostatnio ciśnienie z pewnych części ciała, że człowiek dojrzewa naturalna sprawa. No bo co, jak miał lat piętnaście, to sobie różne rzeczy wyobrażał, że jakby miał tak na chacie non stoper babę, to by tam siedział i czas cały trzymał u niej wewnątrz w środku bez przerw na jedzenie i spanie, były marzenia, ale bądźmy realni, raz nie ma ochoty, raz ma, ale mu jakimiś rzygami pościel zapachnie, no a jak ma być inaczej, skoro ona tu dziecko kładzie, raz ma chęć sobie obejrzeć czy „Fakta", czy jakąś sensację, bo tak jakoś ostatnio spać mu się nie chciało wcale, a obok jakieś plamy, coś żółte powylewane, jemu zbiera się na pawia, tu dziecko płacze, żeby chociaż mu coś powiedziała, uciszyła je jakoś. Wszędzie nasrane, tylko toi toi tu jeszcze wstawić, a do dużego kupić dmuchane bagno i posypać wszystko od ziemniaków obierkami. No to jej mówił, zbudź się wreszcie babo, zrób z tym coś, co tu jest grane? Bo nie po to kupił stolik do przewijania tylko, żeby tam je przewijała, i to wcale nie z tych tańszych, ale z tych droższych raczej, z półeczkami dwoma taki i pojemników zestawem, ale po co to kupił teraz zadawał sobie gorzkie pytanie, skoro wszystko co się dało zasrać i tak było zasrane, oprócz rzeczy trudno za-srywalnych, takich jak sufity, takich jak lampy czy ściany. A ona na to: „odwal się wariacie, przestań nosić tą papę, bo mnie więcej nie zobaczysz i w ogóle idź do psychiatry". Wiadomo: emocjonalny z jej strony szantaż, na kroku każdym mózgu pranie, psychiczne się znęcanie, ciągła choroby psychicznej sugeracja: „ty mnie przerażasz, ty kiedyś mówiłeś wolniej, normalniej, ja się ciebie boję, ja się ciebie obawiam, to przez te twoje buddyzmy, sangi, kocią wiarę pogięły ci się blachy, ty idź coś zrób, zjedz normalnie jak człowiek kiełbasę, a nie te kłykcie, ten czerpany papier, skup się, zrób coś, zobacz, umarł Papież". Ale co jest źle, to, że ma gadane? No to na telefon jakąś swoją gadkę nagrał, bo miał telefon z dyktafonem wbudowanym i dotychczas w sumie mu się to nie przydawało a teraz nagle, no jakąś gadkę walnął i jak policzył ilość na minutę wyrazów, to wyszło czterdzieści z hakiem, może sporo, ale też bez przesady, mówił może szybko, ale przecież głośno i wyraźnie, ale poszedł w końcu do tego psychiatry, wchodzi, patrzy, czarujący jakoś w jego wieku facet, może trochę starszy. „O" – mówi – „super ma pan tą papę" i w ogóle od słowa do słowa się dogadali! Lekarz WiP-u okazał się działaczem, robił dla nich poligrafię, nie zdjął nigdy gaci i w ogóle dużo opowiadał, no nieważne, w każdym razie rozmowa zeszła na dzieciaki, i pierwszy raz miał się komu pożalić, bo tajemnica lekarska, to go jakoś tak otwarło, i jak za ten rodzinny poród tysiaka zapłacił! Za kurwa blada wybaczą państwo największą w życiu estetyczną jaką miał traumę tysiaka, no kosztowna sprawa, zobaczyć jak żona robi kupę i siku to mógł sobie w domu za darmo i bez innych świadków, a tu stoi konsolium lekarskie całe, latają flaki, Monty Python, niech pan ją za rękę złapie, no niech pan złapie!

A ta jeszcze wziąć się w garść zamiast, szlocha, płacze, doła nie wiadomo o co łapie, on jej przyniósł tam pomarańcza, a ona go nawet nie zjadła, tylko tak ścisnęła w łapach, że się cały zgniótł i połamał, i do niczego się już potem nie nadawał, on jej mówił: „no wyluzuj kobito, o co ty tu tak skamlesz, leżysz tu sobie jak królowa w szpitalu, wszyscy koło ciebie latają cię wycierają, ludzie się rodzą, ludzie umierają, wyluzuj, jeszcze nieraz w życiu będzie cię bolało, pomyśl sobie jakbyś była Indianką i żyła teraz w jakichś krzakach". A ten lekarz na to: „to normalne, to normalne całkiem, niech pan tylko nie pije tyle kawy". No i fajnie, w końcu już o wszystkim zaczęli gadać, powiedział mu o problemach swoich, o żylakach, o tym jak stary czuje się czasem, stary zwyczajnie, jak że przegrał życie czasem mu się zdaje, że ma te wszystkie rzeczy, ekspresy do kawy, a używać ich mu się nie chce wcale, kurzu tylko się robią na tym dziady, o skurwysyństwie panującym w branży, wreszcie o tym, że na rewolucję nie ma już szansy, że chyba już wyłącznie rzucenie Mołotowa koktajlem w Wita Stwosza ołtarz w kościele Mariackim byłoby tu szansą, pewne rzeczy nawet rozrysowali, aż wreszcie widzi, że ten lekarz zaczyna spoglądać na zegarek, więc chce zapłacić, a mówi tamten: „Rybi, oszalałeś?!", bo taka była Szymona ksywa jeszcze w Federacji, no jak to usłyszał, to prawie się popłakał, jedna, jedna osoba na tysiąc przynajmniej, która nie chce od niego żadnej kasy, wstaje, zdejmuje swoją papę z oparcia. „Acha" – mówi ten psychiatra – „coś mi się przypomniało, jest taka sprawa, może coś byś staremu ziomowi największemu przyjacielowi poradził. Siostrzenicę mam muzycznie bardzo utalentowaną, brzydka dziewucha, powiem ci szczerze, strasznie, no dzieciaki na ulicy wprost dawniej przed nią uciekaly, skór od makreli jej kiedyś do buzi napchały, to siostra ją wypuszczać przestała, sam trochę aż się jej obawiam, chłopaka nigdy nie miała, jakiemuś piosenkarzowi podobno dała, który ją zostawił, przez co w depresję straszną wpadła, więc keyboard jej taki kiedyś kupiła moja siostra, to znaczy jej matka, Yamaha, żeby nie zgłupiała, dziewczyna grała, grała, i teraz napierdala na nim jak stara, wszystkie zna standardy, wszystko umie zagrać, *Cztery pory roku* melodię, motywy różne z Mozarta, i tak się zastanawiam, czy nie mógłbyś jej gdzieś pchnąć, komuś powiedziec coś w temacie? No brzydka jest strasznie, aż żal mi i ja się nie znam na temacie, ale gdyby może miała gorset jakiś, jakąś charakteryzację..."

„Oczywiście, sprawdzę, ja to może nie całkiem, ale może kogoś brzydkiego szuka ktoś z kolegów akurat w branży" – mówi i inne pierdóły takie, wizytów- kę mu daje specjalną na takie okazje: starą, z telefonem nieaktualnym. „To na razie, za dni parę koniecznie zadzwoń" – mówi mu gdzie indziej patrząc, wy- chodzi na ulicę, myśli jakieś, wyobraźnia, brzydką laskę grającą na yamasze stara się sobie wyobrazić z innych myśli braku, i wtem olśnienie, iluminacja, jak w bloku zapalone naraz wszystkie światła: nowość totalna, prosta prostotą rzeczy genialnych, czy nie tego szukał właśnie?

Hej ludzie, odłóżcie te noże, ona nie napisała nigdy żadnej książki, spokojnie, odłóżcie z ręki stolec, gówno nie ucieknie, gówno poczeka na lepszą osobę, do- brego gówna swojego nie będziesz przecież marnować na gospodynię domową, co po domu chodzi wlekąc za sobą odkurzacza odwłok i niby coś robi, ale jak ma coś robić, powiedz człowieku jak masz zrobić cokolwiek, jak nikt nie widzi tego, jak nikt nie patrzy na to co robisz, jak siedzisz w domu. Gazetkę taką ścienną ma w dużym pokoju, przed którą staje raz po raz i dotyka się w okolice narządów plciowych i klatki piersiowej, wycinki wszystkie prasowe zabezpieczone folią, zna je na pamięć ale przeczytać raz jeszcze co szkodzi, oczywiście te pozytywne wyłącznie, w kwiatach przed nimi stojących zmienia wodę, świece zapala zapachowe, sadzi choinki w podłodze, na zdjęciach swoich biel zębów poprawia biurowym korektorem, a wszystko mówi: koniec, wszystko szepcze: koniec, Kuczok Wojciech na odczycie w Kiełbasie Śląskiej, a ona w domu, w domu. Hej ludzie, odłóżcie te gówna te noże, ona nie napisała już nigdy żadnej książki!

A on już w myślach ogłasza nową medialną epokę: niniejszym koniec flaków, sraki, tematów analnych, czas nadszedł uwagę zwrócić na realia, na czasu prawdę, na wartości, których ludzie pragną, na przekór więc obowiązującym tendencjom estetycznym i mentalnym, on, Szymon Rybaczko, menadżer genialny, wylansuje brzydką laskę! Brzydką ekstatycznie, brzydką fatalnie, bez cycków i bez dupy, za to z brzuchem i garbem, brzydką w taki sposób specjalny, nie mandarynkę co wypadła komuś z torebki w solarium, ale klimat pielgrzymkowo–parafialny, jakby do Częstochowy szła na pieszo z Gdańska dzień piętnasty w Kubota klapkach, pijąc wodę z kałuż i żywiąc się osami, gałęziami, bo grupą docelową będzie tu wymagający target chrześcijański, laskę, która nie śpiewa „kocham cię bardzo" czy „cienie i blaski ma moje i twoje solarium, nasze solarium", tylko totalnie odrzucona, wyśmiana, niekochana, garbata, porusza problematykę społeczną, syfu, zła, życia niskich standardów, ludzie z widowni rzucają w nią ogryzkami, psimi gównami, srajtaśmą, szał, ekstaza, mieszanina litości i pogardy, on już to widzi oczami wyobraźni, to medialnie jest genialne, to jest dynamit.

Ale jak taką znaleźć, zaczął zadawać sobie pytanie, zrobił casting, ale przyszły wszystkie te co przychodzą zawsze, brzydkie owszem, ale jakże banalnie, od perfum wypitych zalane, odchudzone, pryszcze czymś pozaklejane, garb przypudrowany, kostium kąpielowy pod płaszczem, na biurku się kładą i myślą, że mu staje, chcą możliwości prezentować wokalne, a tu nie chodzi o możliwości wokalne żadne, no bądźmy realni, ta tu klęczy prawie, bo zawsze tak jest, że w którejś tam chwili casting zamienia się w festiwal ogólnych płaczów i świętokrzyski lament, tego znajomość na pamięć, społeczeństwo sfrustrowane, odporności konieczność, psychiczne na to przygotowanie: „nie mam pracy, jak pan chce to ja uklęknę przed panem, a może szuka pan kogoś do sprzątania mieszkania? Będę myć podłogę rękami, wycierać włosami i polerować twarzą, bardzo tanio, ja proszę, błagam i tak dalej, i am a in your headlights rabbit, tu jest moje curiculum vitae, a w ogóle to mój kuzyn mieszkał kiedyś w jednym bloku z panem tylko w innej klatce, miał twarz, włosy, na pewno pan kojarzy, Marcin, ja błagam, ja zaklinam pana". No to jak ci jedna taką apostrofę zapodaje, to jeszcze wytrzymać da się, ale druga, czwarta, tobie plamy narastają pod pachami, ciastka stają w gardle. W końcu mówisz wprost: „basta, proszę mi przestać jęczeć i płakać, co sobie myśli pani do cholery jasnej? Tak, jestem bogaty, jestem bogaty, jestem bogaty, przyznaję, to co, to mam się z tego powodu pochlastać?? Myśli pani, że ja jestem od tego szczęśliwszy niż pani? Jedzenia mam pełno i co z tego, jak mi się jeść nie chce wcale, rzeczy jakichś mam pełno, gratów i tylko mi się na tym kurz gromadzi. Proszę się nie starać poczucia winy mi tu jakiegoś wpajać, że mam się czuć winnym o całe zło świata, co chce pani, żebym się tu zaczął tarzać? Są chyba jakieś instytucje, PCK kontenery z ciuchami stoją na kroku każdym. Owszem, no cieszę się, że nie jestem panią, ale nikt nie ma dzisiaj łatwo, też mam żylaki, córka z białkową skazą, z żoną mi się nie układa i do kogo ja iść mam, do kogo się skarżyć? Sam swojego losu każdy jest panem. Niech pani wstaje, następna pani, następna pani". I tak piętnasta, szesnasta dwudziesta czwarta, zwątpienie narasta, siedział dzień cały i żadnej nie znalazł, tylko nadwerężył sobie układ centralny, doła złapał, cztery wypił kawy, o czym wiadomo, że lekarz mu zakazał, jedzie do domu, otwiera zamek, a tam Sandra aerobik uprawia przy *Nie myśl nic kochanie*, włącza radio: *Nie myśl nic kochanie*, w telewizji Flaky w rozmowie z Robertem Makiem, „Wprost" otwiera czy inną jakąś prasę: „Nie trzymając kału" – Flaky, o zespole genialnym pisze Sawicka Maria czy Marta, zwężają się rzeczywistości ściany, obniża sufit, szemrzą dywany, wszystko go pogania, wreszcie zaczyna się zastanawiać, myśli, myśli, wie! Jak się nazywał ten psychiatra? Raz dwa, telefonów parę, z tą siostrzenicą się umawia w Filozo-ficznej Jadłodajni, wpada tam, choć nadzieję już stracił i co? I nie wierzy oczom własnym, od razu, że to ona rozpoznaje, dziewczynę widzi, myślał, że nie znaj-dzie jakiej albo brzydszą nawet, twarz świni a psa ciało, oczy kaprawe jakieś zaropiałe, każde z innego jakby zestawu, zębów pełne wargi, a w inną stronę uśmiecha się każdy, „Patrycja Pitz" – ona się przedstawia. Na czole żyły się pło-żą, powieki w różnych kolorach wzorach i rozmiarach, poszukiwań ukończenia ekstaza, ze sobą przyniosła yamahę, podłączyła do kontaktu, zaprezentowała parę standardów, „Wielki talent!", krzyczał, gdy grała, „wielki talent", jakby po wodzie stąpała na nią patrząc, absolutny z jego strony zachwyt, aż że to fatamor-gana przez chwilę się obawia, „przepraszam cię na chwilę, nigdzie się nie ruszaj, lecę się załatwić", spuszcza wodę by nie być słyszanym, dzwoni do firmy „udało się, kurwa, udało! Mamy ją! Mamy!".

Następnego dnia z wizażystką spotkanie ustawił. „O kurwa"– z początku się babie wyrwało, i on pyta czy to jest profesjonalizm? Od razu jej skleszczył za to szufladą palce, żeby zrozumiała, że ma się zamknąć, profesjonalnym okiem Patrycję obejrzała: jest idealnie prawie, tylko parę pryszczy z czubkiem białym przykleić jej się zdecydowała i włosy wysmarowała olejem jakimś, no jak to zobaczył, to sam się przestraszył, bo gdzieś to się tam to wszystko w mózgu odkłada, w każdym razie dziecku nigdy by nie pozwolił na to patrzeć, sam budzi się z niedawno od swojego „Sandra! Sandra!” rozpaczliwego wrzasku, sen miał z rodzaju tych 3D prawie namacalnych, widział Patrycję jak nachyla się nad nim, wręcza mu swoją twarz straszną i mówi: „teraz to ty ją masz, Rybaczko.” O Boże, obudził trzęsąc się cały, a Sandra uspokoić go jakoś zamiast, trzasnęła go w twarz dłonią otwartą: „odwal się ode mnie palancie nienormalny, swoją połowę łóżka masz tam, to się na moją nie ładuj”, i tak dalej, uspokoić go jakoś zamiast, „tu jest linia podziału” – powiedziała, ręką swoją połowę materaca odgradzając i większość kołdry dla siebie zabrała. I z powrotem poszła spać, a on jeszcze długo nie mógł zasnąć, lęków taki ogarnął go atak różnorakich, może miało to zresztą także zaczepienie w wydarzeniach innego rodzaju, kiedy sprawcy nieznani w zeszłym miesiącu pomalowali go na czarno olejną farbą, o czym już było tu wspominane, jak więc miał nie bać się, jak miał żyć normalnie? Wracał akurat z pracy, dzień jak co dzień, z samochodu wysiada, idąc w kierunku bramy i łubudu nagle! Do dzisiaj jak sobie to przypomni, to robi sie blady, szok, skandal, koniec świata, tu przed chwilą szedł jeszcze, teraz nogami w powietrzu macha, przed chwilą widział światło, teraz widzi to czarno, było ich dwóch albo trzech, nie widział ich twarzy, od tyłu go zaszli, jedno jest pewne – był to ktoś z branży, podejrzewa menedżera Flaków, chociaż według jego prokuratora, którego z miejsca powiadomił o sprawie, poszlak nie ma żadnych, po prostu żadnych, jakby nic nigdy się nie stało. „W sądzie” – wrzeszczał – „się spotkamy...”, ale jak z człowiekiem z nim pogadać zamiast, pomalowali go na czarno, na papie wciąż ma smugi jeszcze farby, których doczyścić sie nie dało, a próbował wodą utle-

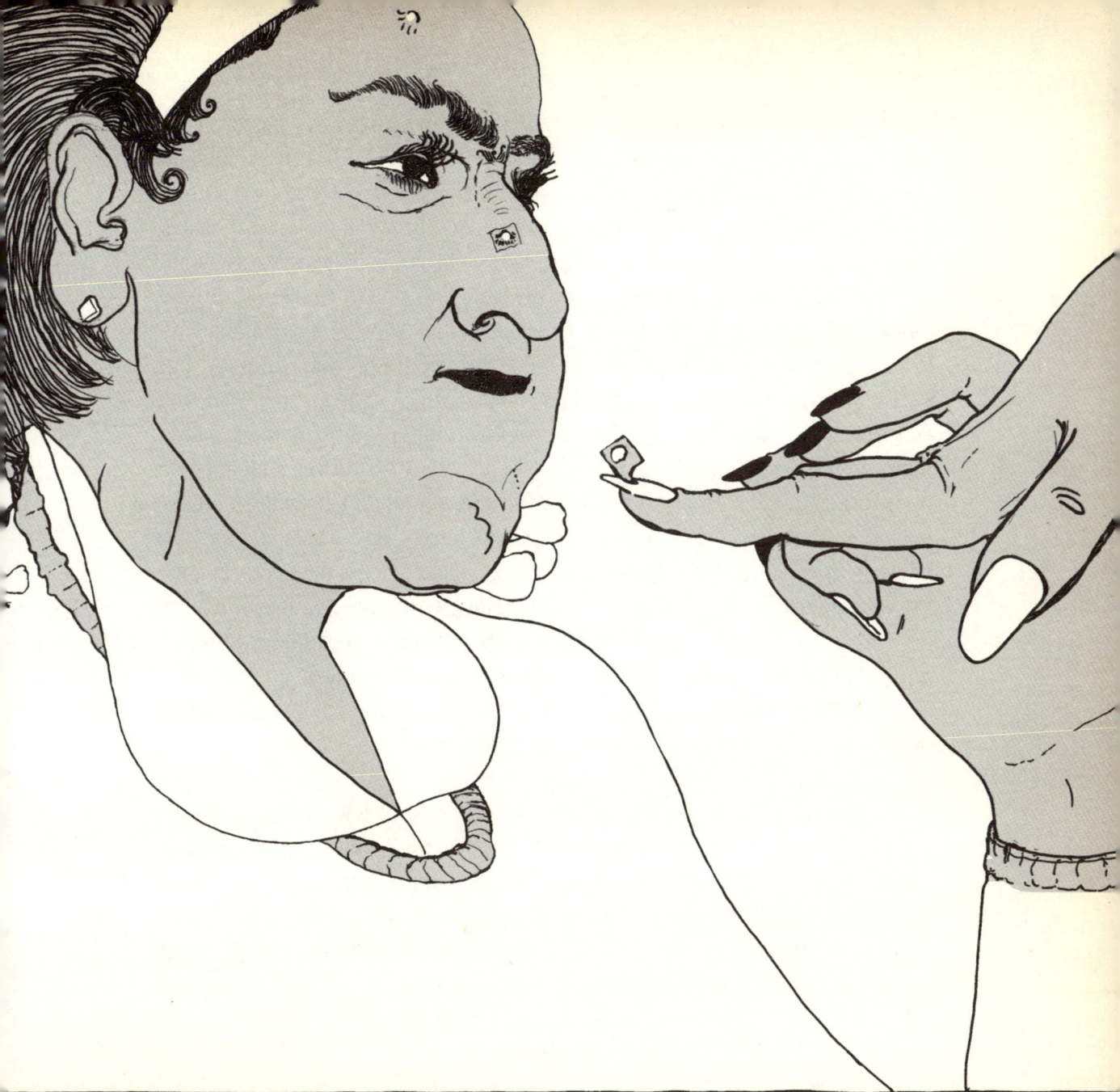

.PATRYCJĘ OBEJRZAŁA: JEST IDEALNIE PRAWIE, TYLKO PARĘ, PRYSZCZY
Z CZUBKIEM BIAŁYM PRZYKLEIĊ JEJ SIĘ ZDECYDOWAŁA...

nioną, próbował denaturatem, może zresztą byli to prawicowcy jacyś, chcący załatwić go za wylansowanie pedała, a może Sandra ich na niego nasłała, sprawa jest ciągle badana, w każdym razie nie wie, co dokładnie się działo, ze strachu przytomność stracił i obudził się w szpitalu już pomalowany, ekstremalna sytuacja, po której doznaniu jak ma być normalny? Wszystko zrozumiał leżąc na tym oddziale, wszystkie świata zasady, wszystko go swędzi, drapie, „Głos Szpitala" czasopismem sobie twarz ochładza, chociaż nie wiadomo, kto to macał, strony przewracał palcem, co wcześniej sie po raku drapał. Fiuta się tu boi wyjąć do sikania, żeby mu coś nie usiadło, jedyne co go psychicznie ratowało, to wstępne zarzutów formułowanie oczami wyobraźni, które padną, bo że szpitalowi założy w sądzie sprawę to już wtedy wątpliwości nie ulegało: A – zabranie majtek w celu godności odebrania, skandaliczne uwagi na temat pacjenta genitaliów przez niego niezawinionej barwy, Be – z pacjenta szpitala przez sanitariuszy się śmianie oraz w celu uniemożliwienia mu sprzeciwu wyrażania, położenie mu na jamie brzusznej statywu na pochłaniacza łamane. Ce – innych pacjentów o jego rzekomym bogactwie informowanie, w celu podburzenia ich i sprowokowania, De – trwałego szoku psychicznego u pacjenta spowodowanie, bezsenności, przyczynienie się do z żoną współżycia rozkładu oraz konieczności kosztownej u psychiatry terapii.

Po oczyszczeniu bylejakim położyli go na obserwację w wieloosobowej sali. Ze względu na niedającej doczyścić się farby liszaje czarne, schorzenie o powadze, nie ukrywajmy, dość umiarkowanej, poza tym bogaty, od początku plasował się nisko w szpitalnej hierarchii, od początku pomiatany przez pacjentów kalekich, z rakiem, rannych lub martwych, którzy trzęśli oddziałem, tworząc swoistą mafię i pokątnie handlując serkami i ciaskami, których samodzielne spożywanie było niemożliwe już dla nich, ze względu na brak odpowiednich tkanek, ale gdy próbował coś od nich odkupić za Seico oryginalny zegarek, to go wyśmiali. Chcieli go sobie ustawić, a sanitariusze, których próbował zainteresować tą sprawą, nie reagowali, tylko szydzili z jego pomalowania, jeśli można śmiechem nazwać te pełne rozpaczy skargi zwierząt gospodarskich nożem do smarowania zażynanych. Dzwoni do Sandry: „przyjedź po mnie, błagam". „Spadaj psycholu, przestań nosić papę, to przyjadę" – słyszy i odkładanej dźwięk słuchawki, patowa sytuacja, wyjść się obawia, żeby nie spotkać nikogo, nie zostać rozpoznanym, „Murzyn, Murzyn" – słyszał wciąż szepty złośliwe z sali, jak sobie wody z kranu pół butelki nalał, bo pić mu się chciało, miał połowę, a jak się tylko obrócił, to już ma butelkę całą, jakieś czary mary, patrzy – a do środka naszczane. Wciąż aluzje o kakałku słyszy jakieś od handikapów w trzech czwartych zbiodegradowanych, co im trzeba trzymać siusiaka do sikania. On jeszcze milczał, nazwiska tylko sprawdzał na chorób karcie, zapamiętać się starał, kogo o co będzie skarżył, ale już na wytrzymałości był skraju. Przynieśli śniadanie, lecznicza dieta dla pomalowanego na czarno człowieka, chleba trzy na trzy centymetry kawałek, dwadzieścia mililitrów herbaty i łyżka smalcu, on jest wegetarianem, ale zjadł, zjadł tylko po to, bo by mu zabrali inaczej. I może do obchodu jakoś by zleciało, lecz wtedy ta z telewizją wynikła sprawa, bo na oddziale przez cały ranek przeprowadzali jego współpacjenci składkę, by wykupić za sześć złotych bez przerw oglądania godzin pietnaście, no i zebrali, siedzą, patrzą, „Wiadomości" jakieś czy poranne „Fakta", i wtem on widzi raptem twarz swoją własną, z ręki ujęcia, jak go niosą pomalowanego do ambulansu: „głośny menedżer, promotor, specjalista spraw medialnych przez bandytów nieznanych dzisiejszej nocy pomalowany" i tak dalej. Wypowiadają się znawcy, nie ma sprawców. „Samo-

141

pomalowanie rozważane przez policjantów jest tropem niejasnym. W Szpitalu Praskim przebywa pomalowania ofiara, ale jak twierdzi rzecznik prasowy szpitala wyjątkowo trudna do zdarcia okazała się podwójna olejnej farby warstwa, którą pokryte było około osiemdziesiąt procent ciała. Pytanie, które dziś policja stawia, komu zależało, by pomalować Szymona Rybaczka, menadżera i medialnego potentata? Z miasta Warszawy dla 'Wiadomości' Hanna Markowska–Ciałamas.", Małacias czy inna szmata, to już nieważne, panowanie nad sobą stracił w razie każdym i chociaż wiedział, że jako buddysta powinien wewnętrzną zachować równowagę, wyłączył im, to prawda, wyłączył im ten system telewizji szpitalnej. Jeszcze przed chwilą na sali głośno było i gwarno, materiał o nim oglądając krzyczeli się i śmiali, ha ha ha, ktoś krzyknął „a to nasz tu Murzynek jest Mambo", na niego pokazując palcem, a teraz raptem, widząc ekran wygasły, jak makiem jest zasiał, wszyscy co oglądali teraz się patrzą na niego totalnie oniemiali, jakby ktoś im ukradł własne jajka z gaci, rozbój w dzień biały, nie mogą zrozumieć co się stało, już usta otwierają, podwijają rękawy, już wrzeszczeć chcą, górę zdejmować od pidżamy, tyle sekund telewizji zmarnowanych! Ale nie to nawet, tylko że jeden taki facet z obwisłym pidżamy zadem, co trzy złote całe dał na składkę, nie może znieść tej marnacji i zaczyna się stawiać: „te, pomalowany, za każdą minutę nieobejrzaną groszy pięćdziesiąt mi zwracasz". Pięćdziesiąt groszy? Za minutę? Chyba go pojebało i wtedy coś się w Szymonie złamało, napad odczuł bezsilności i żalu, i ryknął nagle przez łzy prawie, udręczony tą sytuacją, tym go poniewieraniem: „a ty masz kurwa raka stary, ty swoim rakiem się zajmij".

No tak powiedział tylko, był zdenerwowany, a facet się popłakał, choć przecież nie chciał go zranić, chciał tylko, żeby się zamknął, na Boga, przecież nie można tak wszystkiego znowu traktować poważnie, jesteś dorosły mój panie, więc się zachowuj dojrzale, to były tylko żarty, ale widzi jaka jest sytuacja, że jak tu choć krótki czas jeszcze będzie bawił, to źle się to skończy dla integralności powłok jego ciała, więc nie patrząc już na nic, wkłada to ubranie, wkłada papę, a wszystko od farby tak sztywne i twarde, jakby człowieka innego na siebie zakładał i wychodzi cichaczem, modląc się, aby nikt go nie zobaczył, spod szpitala zaraz planując wziąć jakąś taksę, schodzi schodami, i jeszcze jakiś dogania go zdeformowany facet: „przepraszam, czy to pan był ten pomalowany na czarno? Mogę prosić autograf 'Dla Agaty'? Dzięki bardzo". On drzwiami trzasnął i po wyjściu zaraz do kiosku zaszedł, by ciemne kupić sobie okulary, plastikowe cacko Dolce&Rabanna z nieprzezroczystymi szkłami, z łańcuszkiem pozłacanym i po bokach w roślin kształcie złoceniami, ale gdy tylko oderwać łańcuszek po chwili szarpania mu się udaje, by zmniejszyć choć o jednostkę jedną kompromitacji doznanej skalę, gdy tylko je zakłada w celu nie bycia rozpoznanym, bo jednak że cały jest tym gównem czarnym wymazany zdaje sobie sprawę, i gdy za taksówką już jakąś zaczyna patrzeć, ktoś go chwyta za ramię i mówi: „siema stary!"

Pierwsza jego myśl, kiedy Retra zobaczył, to że to on, że to Retro Stachu właśnie napuścił na niego tych drabów, że to on ich podnajął, aby zemścić się za zniewagi, dość liczne Szymon przyznaje, w firmie „Life and die" doznane, ale doznane bądźmy szczerze tylko z głupoty własnej, i teraz tu niego się przyczaił, żeby korzystając z niekorzystnej pryncypała estetycznej sytuacji, za homohoseksualizm niechciany zaznać satysfakcji, ale potem sprawę wybadał i to nie Stachu zlecił to pomalowanie, z dość pewnych źródeł dowiedział się, że inaczej trochę sprawa wyglądała, nie wie dokładnie co tam się stało, ale w jakichś okolicznościach niejasnych w sylwestra Retro całe AGD i RTV utracił, było chyba o tym w zeszłym rozdziale, ale potem telewizor i pralkę podobno odzyskać mu się udało, na garaże pobliskie się któregoś dnia udawszy do jakiejś przybudówkoszklarni tam, gdzie on mieszka na Pradze, Retro odkupił je jakoby za dwie paczki od dwóch kolesi pijanych, choć już po transakcji się okazało, że i odbiornik i pralka są olejno przemalowane na jakiś kolor pośredni pomiędzy wszystkimi kolorami, no ale nieważne, od tego czasu podobno siedzi cały czas na chacie, oglądając wszystko co popadnie i piorąc od czasu do czasu, bo po prostu nie ma innych zajęć ani przyjaciół, i zapewne dzisiaj właśnie piorąc tak i oglądając na „Wiadomości" trafił, gdzie o Szymonie zobaczył informację i jego pobycie w Szpitalu Praskim, w razie każdym nie on może zlecił to pomalowanie, ale sterczy już tu pewnie od chwil paru za kioskiem się czając i to nie w pocieszenia zamiarach, bo jakąś taką świat rządzi się zasadą, że nie lubi się osoby, która przyłapała cię na sraniu, więc Stachu przez na plecach ubranie wymacuje mu malę i strzela mu z mali jakby dziewczynę z największymi w klasie cycami złapał za stanik, „co tu porabiasz" – pyta – „brachu?", a potem zdziwienie Szymona brudnym ubraniem udaje; „o Boże, Szymek, co ci się stało? Ktoś cię pomalował na czarno, ha ha?" i dodaje „fajne okulary, o stary, daj popatrzeć. O, nic nie widać przez nie prawie. Ale wyglądasz w nich świetnie naprawdę, dedektywem byłbyś jakbyś"

I jeszcze on Szymon do domu wraca, taksówkarzowi za kurs zegarek Seico ten oryginalny oddawszy, niezła za kilometr stawka, ale co się dzieje dalej, drzwi otwiera frontalne, widzi Sandrę i jak nigdy chce mu się normalnie płakać. „Cześć Sandra" – mówi słabo, głos mu się łamie, pilnować się musi, żeby szlochać nie zacząć – „jak tam? Jak mała? No co spadaj, co spadaj, sama spadaj, ja tu przychodzę a ty jak ty się do mnie zwracasz, nie wiem czy widzisz ale ja kupiłem ci takie okulary, może ci się spodobają, czarne do chodzenia takie, nic przez nie nie zobaczysz, no sprawdź jak fajnie. No chociaż tu kurwa zechciej popatrzeć, co 'nie dotykaj mnie', kurwa, jaki nienormalny, ja byłem w szpitalu, ja cię kochałem, a ty tak mnie."

Jezus Maria, nie może o tym myśleć, bo rozkleja się całkiem, wszędzie zdrajcy, zdrajcy i zdrajcy zdrajców, wszędzie podsłuchy, oczy wbudowane w ściany, pomyślisz coś zbyt głośno, następnego dnia usłyszysz to w radiu, ale nie po to teraz przyjechał do pracy, żeby doła łapać, w sądzie sprawy pozakładane, jeszcze wszystko się wyjaśni, ha ha – tu się zaśmiał, a raczej powiedział: ha ha, dla animuszu sobie dodania, o co chodziło? Aha, w Patrycji sprawie jest i imidż opracowany, są aranże, jedyna kwestia która pozostaje otwarta jest kwestią tekstów napisania i po to właśnie dziś tu się zjawił tak rano, bo wbrew pozorom nie jest to takie łatwe, sam mógłby jedną ręką to machnąć jadąc autem, ale plan ma taki, że to musi napisać jakieś nazwisko znane, żeby konkurencję do tylnego rzędu odesłać jeszcze bardziej, jeszcze dalej, pod samą ścianę, zaciska dłoń na krzesła oparciu, drugą w blat uderza z emfazą, „Woźniak"– woła Woźniaka, ale nikt się nie zjawia, „Woźniak" jeszcze głośniej woła i „Woźniak" w drzwiach z zadyszką staje, „kogoś do tekstów chcę mieć napisania, nazwisko znane, niekoniecznie wielki jakiś talent, ja tu listę taką przygotowałem do poruszenia w utworze tematów, wystarczy, żeby ułożyć to w zdania z rymami i refrenami, bo właśnie tak pomyślałem, że Pitz hip hopu gwiazdą zostanie, bo tylko to jest teraz popularne, wszyscy na tym teraz jadą, a bity może sobie robić na swojej yamasze fristajlując w tym samym czasie, żeby na DJ-a żadnego nie tracić kasy, słabe? Nie musi tego napisać nawet, ja mogę sam to mu napisać bez żenady, tylko o nazwisko w sumie chodzi znane, atrakcyjnie medialne, którym to wszystko byłoby podpisane".

I siedzą tak w trzewi firmy „Life and die" otchłaniach, Szymon Rybaczko, który mówi i Woźniak, który się z tym co mówi Szymon zgadza, telefonu szukają do jakiejś osoby znanej, ale też umiarkowanie, aby wszystko niszowości miało znamię, w alternatywnych klimatach było utrzymane, względem kultury oficjalnej marginalne, aby trafić również do tych wszystkich punków i wegetarian różnych zbuntowanych, do różnych tych lasek zjełczałych z pociągu do Żarów, z tira pełnego rajstop do Amsterdamu, co na podkład nie mają, one z Pitz na pewno będą się identyfikowały, mediów kontestacja, cosmoświnie do gazem depilacji, jeszcze tylko nazwisko odpowiednie znaleźć, które by to wszystko firmowało, hej zaraz, a ta Masłowska jakaś, kiedyś była znana, a teraz o sławie przebrzmiałej, która właśnie ze względu na to może okazać się tania, poza tym autentyczna taka, w bloku mieszkała, zna realia społeczne i socjalne, o, już ją mają, halo?

Hej ludzie, odłóżcie te noże, ona nie napisała już nigdy żadnej książki, żadnej książki, to był film, co od samego początku się kończył, hej ludzie, wypuście z ręki stolec, ona siedzi w domu, paski z ćwiekami dawne przymierza swoje, kiedy jeszcze była zdolna i młoda, z gwiazdami seriali chodziła na kosztownych alkoholi i koniaków degustacje i promocje serków topionych, serów pleśniowych, ciastek, czekólad i włosów łonowych, a teraz w domu, bez braw, bez oklasków, bez znajomych, wtem telefon dzwoni, kto może to być, może to oni, może to biblioteka uzdrowiskowa w Zdroju Kudowie przyznała jej doroczną nagrodę za ciekawy styl i osobowość, biegnie, o szlafroka potyka się poły, czasopisma „Twój Pies" dziennikarka to może, chce, aby opowiedziała o psie swoim, którego nie posiada i sfotografować się z nim dała, a co jej szkodzi, więc słuchawkę podnosi, mówi: „halo, ja w to wchodzę".

„Dzień dobry, czy z Masłowską Dorotą rozmawiam?" „Tak, słucham bardzo". Z tej strony na pewno o mnie pani słyszała, Szymon Rybaczko, specjalista mediów i spraw medialnych, z pewną propozycją taką, ja żadnych książek pani powiem szczerze nie czytałem, może do 'Przekroju' felietonów parę, to było świetne naprawdę, mocne, szczere, pełne wewnętrznej prawdy, literatura wspaniała, Dostojewski, Beckett, Musil czy choćby Roman Bratny, my właśnie takiego czegoś do naszego projektu szukamy, bo nam zależy na autentyźmie, zależy nam na czasu prawdzie, właściwie to nic pisać nawet by pani specjalnie nie musiała, ale żeby była to właśnie pani ważne, szkielet tekstu jest gotowy prawie, najwyżej rymy pani dopisze jakieś, bo to hip hop jest taki, ja wszystko wytłumaczę, fabularnie jest sytuacja, że brzydka dziewczyna, rozumie pani, przez wszystkich pomiatana, dzieciaki na podwórku w nią skórami od makreli rzucają, w tle Polska Ce, trudne realia, kapitalizm, konsumpcja w różnych auczanach, ogólna rzeczywistości przepychanka, no na pewno wie pani, jak to tam lirycznie przedstawić, trochę przekleństw, bo to ma być manifest prawdy, ale nie za bardzo wulgarne, żeby słuchacza też nie odstraszyć i żeby papierosów nikt w fabule nie palił, bo to nie przejdzie inaczej, to co, myślę że pani się zgadza? Ja pani z góry mówię, że pani to bardzo się opłaca, to dla pani wielka szansa, tamta książka była zdaje się popularna, ale bądźmy realni, teraz już pani nie jest ani sławna, propozycji żadnych, bo drugiej to już chyba pani nie napisała? No właśnie, no to to jest dla pani wielka możliwość, wielka szansa takiego tekstu dla nas nawet nie napisania, tylko żeby to była właśnie pani. Pani symbolizuje autentyzm, w bloku mieszkanie, no to właśnie taka osoba do hip hopu tworzenia świetnie się nadaje, a proszę powiedzieć sama, pani też chyba wcale nie jest taka znowu ładna, pewnie też pani w tej kwestii nie było w życiu łatwo, no właśnie, więc trochę tu też może pani wykorzystać autobiografizm, zamieścić parę przemyśleń własnych. A jeszcze potem wszystko pani wyjaśnię, bo ta brzydka dziewczyna właśnie, jest romans taki, ona i jeden facet właśnie, zna pani Stanisław Retro takiego piosenkarza? No właśnie, no to powiem pani tak out of record nieoficjalnie, że bardzo nam jego sprzedajność spadła ostatnio, no jest sobie pani w stanie wyobrazić, bo to chyba tak samo jak z panią, ktoś jest gwiazdą, gwiazdą, a potem któregoś dnia się budzi i już nie jest ani sławny, ani żadny, zna to na pewno pani z własnych doświadczeń, siedzi pani też pewnie teraz na chacie, no po prostu takie są realia medialne, no i właśnie, więc pomóc koledze co prawda z innej branży ale zawsze, no myślę że to nawet taki nasz obowiązek moralny, żeby uratować chłopaka, bo w końcu się pochlasta, więc żeby ta Patrycja, bo Patrycja nazywa się ta hip hopu, którą promujemy gwiazda, śpiewała o z tym Stachem romansie, rozumie pani, metatekstualność, dwie pieczenie nad jednym gazem, a to pani na pewno się opłaca w pani sytuacji no naprawdę, i jeszcze taki aneks mały, że on ten Stachu jest homoseksualny, to bardzo ważne, więc to też trzeba tam uwzględnić fabularnie, że tu romans z babą, a on właściwie kompletnie niezainteresowany, no na pewno pani da radę i też będzie z tego pewna kasa, no to co, myślę, że się pani zgadza."

„Ja nie wiem sama" – ona się jeszcze chwilę zastanawia. „A więc targować się chce pani? Wszystko da się ustalić, ja powiem szczerze: pani zapłacić trzysta złotych planowałem i ja powiem pani: to naprawdę nie jest mało, ale w takiej sy-

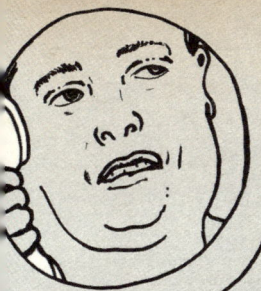

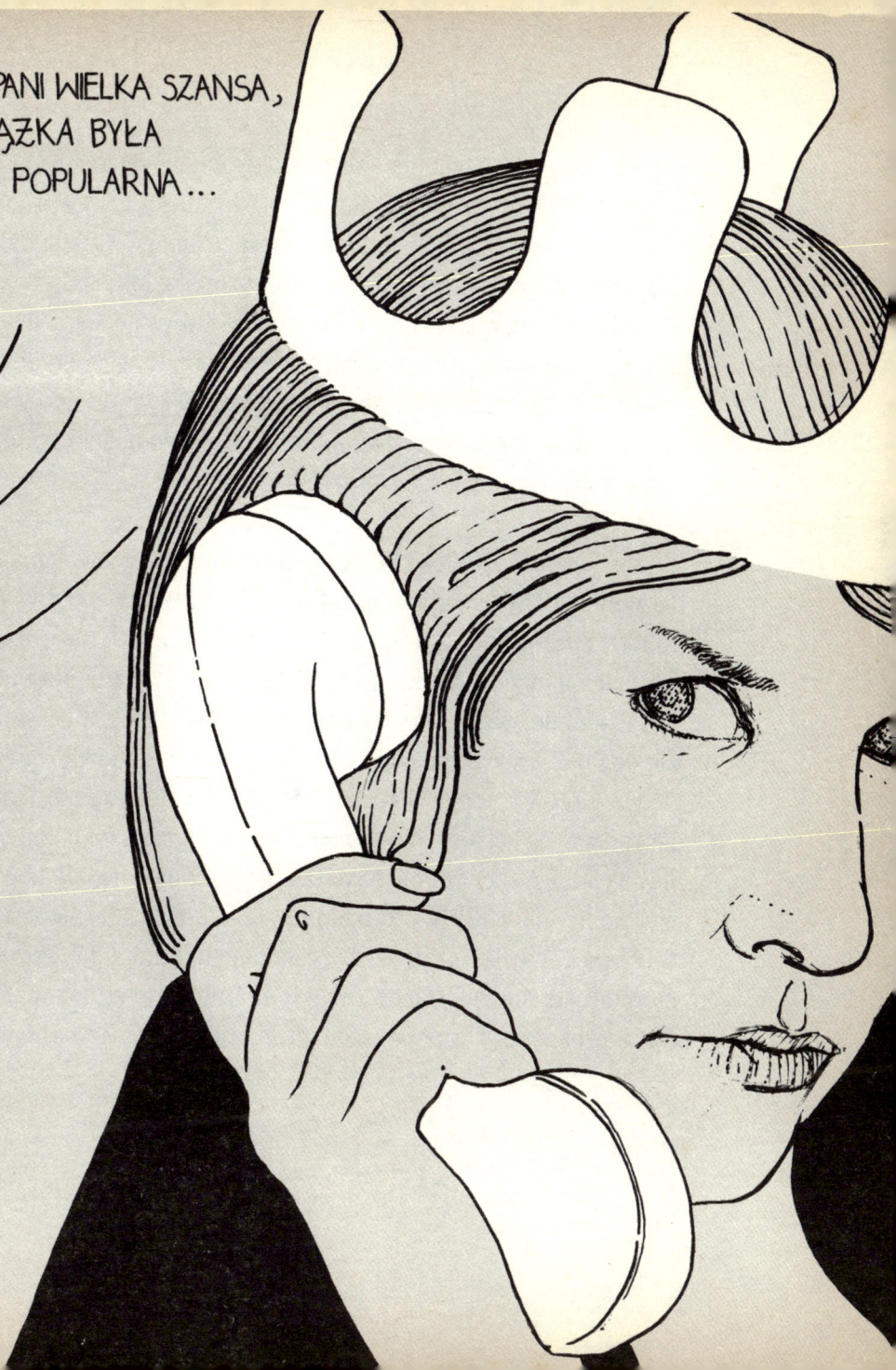

tuacji, ponieważ właśnie na pani zależy nam bardzo, niech stracę: jestem w stanie jeszcze dwieście złotych dopłacić, więc myślę, że jesteśmy dogadani, musimy zresztą jeszcze różne kwestie ustalić, a co, nie może pani dziecka samego zostawić? Sam mam dziecko i rozumiem doskonale, niby mógłby się mały sam bawić, ale strach zostawić, no to ja do pani przecież przyjadę, niech stracę, Północ Praga? Ach już wiem, te za mostem takie slumsy, to wy tam mieszkacie? No pewnie, manowce losu takie, gwiazdą jest się najpierw, a potem ląduje się na Pradze, ja to rozumiem doskonale. Jedenaście przez dwanaście, na pewno będę w takim razie, to na razie. Cieszę się, że tak się rozumiemy z panią, proszę pani."

Hej ludzie, są jakieś kłopoty, ona coś tam pisze znowu podobno, o Boże, trzeba temu zapobiec, my nie chcemy, nie pozwolimy, nie damy się nabrać znowu, to nie może, niech karierę robi Lem, niech Miłosz robi, niech Gombrowicz, inni z miast wojewódzkich autorzy zdolni, dużo bardziej utalentowani literaci młodzi z „kundle" blogu, ale nie ona, jak tu do Europy, z nią to możemy przyłączyć się do Rosji, zaorać się pod kartofle i pokrzyw hodowlę, no dlaczego nikt nic nie powie, panowie, tego dobrego koniec, hej ludzie, no przecież stać tak nie można, gówno w łapę i celować, celować, nie oszczędzać, na później nie chować, nie żałować, jak się skończy nie szkodzi, nie będzie to, będzie nowe, raz dwa trzy pięć osiem, co ona w ogóle wie o hip hopie, nie rozśmieszać mnie proszę, najpierw dresiarę udawała, jak dresy były modne, teraz pod hip hop próbuje się podpiąć, cierpliwości koniec, trzeba coś z tym zrobić, do startu start gotowi, skupić się teraz proszę, czy wszyscy gotowi i nie żałować, nie żałować, skończy się to, będzie nowe. Ognia, panowie!

Wykorzystane sample i trawestacje:
Spec (strona 5, 16) Sidney Polak (5,6), Tomek Lipiński (5, 26), Katarzyna
Nosowska (6,26), Rafał Wojaczek (7), MC Karat (7), Andrzej Bursa (7), Marek
Hłasko, (7,43), Jim Morrison (7,19), Marcin Świetlicki (8, 33), Kora Jackowska
(9), Roman Polański (11), Maciej Magura Góralski (12), Kim Gordon (14),
Bjork (16), Lech Janerka (16), Jeden Osiem L (20), Miłka Malzahn (21), Sma-
lec (25), Jello Biafra (26), Miron Białoszewski (27), St. Etienne (27), Tomasz
Piątek (35), Peja (7,36), Zatoka Piratów (43), Doda Elektroda (54), Marcel
Proust (56), Juliusz Machulski (70), Zbigniew Herbert (70), Adam Wiedemann
(76, 85), Jules Verne (81), Bohumil Hrabal (112), Witold Gombrowicz (129),
Thom Yorke (136), Krzysztof Grabaż Grabowski (7, 137), miesięcznik „Straż-
nica" (21)

Królowa korzystając z sytuacji lirycznej dziękuje swoim najlepszym kolegom i koleżanką z wojska, bez których nie byłoby: DJ KZM i mc ciocia Malinczi, DJ Mama i Tata Catering Projects i Pałac Wujka Leszka Sound System, DJ Wujek Samo PDW, Agnes Help&Care Records, Mister Sister Wendy, DJ Wujek Mireks Damage and Destruction, Mister Stanisław Łu Aristocration Products, DJ Sufeen Chaos Composer, Wściekłość i Wrzask Supergroup, DJ Ewa i MC Martini feat. Franz Macukec, Jaworszczi Party System, DJ Michał Kaczynski Upokorzenie i Niszczenie Życia Corruption, Łukasz, Eweli and Paweł Psychologic Supersonic, Grzegorz Gaza Egoism and Donnuts, Dr Olaf Kühl translation supersystem, Anal Sex Terror Wejherowo, Kuba Stankiewicz&Rakemno's Brothers, Dj Grabaż Consolation Superrecords, Bara Gregorova Czech Film Products, DJ Patyczak i MC Markisz Agata, The Dwurnix, Maciej Sieńczyk, Jacek Kleyff, Tomasz Jabłonowski and Agata Apocaliptic Managers, Lopez Mausere, Kim Gordon, B52's, William Faulkner, Warszawa-Praga, Wola Justowska, mąka krupczatka.

Jednocześnie autorka przeprasza Sławomira Sierakowskiego za zsamplowanie jego słów w niezgodnej z prawdą intonacji.

ISBN 83-89603-20-9

Wydawca: Lampa i Iskra Boża
adres do korespondencji:
01-756 Warszawa,
ul. Przasnyska 18 m 20
biuro:
Galeria Raster, ul. Hoża 42 m 8, 00-516 Warszawa
tel. (22) 6221009
www.lampa.art.pl

druk: Efekt, ul. Lubelska 30/32, Warszawa

książka napisana, zilustrowana i wydrukowana na Pradze